学校で戦争を教えるということ

HOW SHOULD WAR BE TAUGHT IN SCHOOLS?

角田将士

社会科教育は
何をなすべきか

学事出版

まえがき

子どもたちの声から

もう戦争をやめてください
まいにち、ウクライナのころしあいの話をニュースで聞く。ぼくは悲しくなる。お母さんやお父さんをなくして、なにもできない、たくさんの子どもたちのことをぼくはいつも考えている。
もしも、ぼくがお母さんやお父さんをなくしてひとりになったら、どうしたらいいのだろう。ぼくひとりではとてもわかりそうにない。なぜロシアがウクライナに戦争をしかけるのか、なぜ世界がウクライナのひとたちを助けられないのかもわからない。ぼくは子どもだから、戦争にたいしてはなにもできない。

けど、大人だってなにもできていない。おねがいです。自由に遊べず、いつもあぶない目にあっているウクライナのかわいそうな子どものことを思ってください。平和と未来のことを考えてください。戦争をやめてください。

これは2022（令和4）年5月に、新聞の投書欄に掲載された小学生の声です。[1] ここには、同年2月に開始されたロシア軍によるウクライナ侵攻の様子がニュースや新聞、インターネット等で日々報じられる中で、揺れ動く気持ちが小学生なりに表現されています。特に、「なぜロシアがウクライナに戦争をしかけるのか、なぜ世界がウクライナのひとたちを助けられないのかもわからない」という部分には、戦争（ころしあい）は良くないことであるにも関わらずなぜ起こってしまったのか、戦争を止めさせるためにはどうしたらよいのかという、この子の素朴な疑問が呈されています。

しかし、こうした疑問に対する明確な考えを示すことは、大人であっても難しいことかもしれません。また、普通に社会生活を送る中で、「戦争と平和」について考え、自分なりの考えを持つことはそう簡単なことではありません。こうした中で、学校教育は、子どもたちにとって、「戦争と平和」について学び、自らの考えを構築していくための貴重な機会を提供するものであると言えます。

学校教育が果たすべき役割とは

先ほど引用した小学生の新聞投書と同時期に、学校で戦争の歴史を学んだ高校生から、「学校での授業よりも、語り部の方々から学ぶことの方がより印象深かった」といった趣旨の投書が新聞に寄せられていました。(2) このように、「戦争と平和」について学ぶには、語り部の方々からリアルな体験を聴く活動が効果的だという考え方もあります。そのため、修学旅行等の機会を使って平和資料館等を訪問し、戦争体験を聴くプログラムを実施している学校も多くあります。

確かに、リアルな戦争体験を直接聴くことは、子どもたちの感情に働きかけ、戦争の悲惨さや平和の大切さを実感するのに大いに役立つものだと考えます。その一方で、戦争が持っている多面的な意味（地理的・歴史的要因やその影響等）や、平和構築のあり方（国内的・国際的な取り組みの実際やその課題等）を多角的に考察すること、つまり、「戦争と平和」についての認識形成のための場もまた必要だと考えます。先の小学生の投書に見られたように、「戦争は良くないことなのになぜ起こったのか、戦争を止めさせるためにはどうしたらよいのか」といった素朴な疑問に少しでも答え、「戦争と平和」についての自らの考えを構築できる子どもたちを育てていくためには、こうした多面的・多角的な認識形成が不可欠であると考えます。

筆者は、学校教育において、「戦争と平和」について深く学ぶ、すなわち「戦争と平和」について の多面的・多角的な認識を形成していくために、「社会科（高等学校においては地理歴史科・公民科）」が果たす役割は極めて大きいものと考えています。1945（昭和20）年の敗戦を期に、アメリカの影響の下で新しい教育のあり方が模索され、国家に対して無批判に迎合していくのではなく、民主的で平和的な国家・社会の形成者として求められる資質や能力（＝市民性）の育成を主眼とする、新教科「社会科」が誕生しました。こうした教科としての理念に鑑みれば、学校教育において、社会科授業こそが、子どもたちが「戦争と平和」について深く学び、自らの考えを構築していく場として最も相応しいと考えます。しかし、「戦争と平和」をテーマに実践されてきた、これまでの社会科授業のあり方についてはいくつかの課題があるため、社会科の理念に基づいて、改めて「戦争と平和」をテーマにした社会科授業の目標・内容・方法のあり方を問い直すことが必要です。

本書では、こうした問題意識に基づいて、社会科において、「戦争と平和」について、どのように教えていけばよいのか、求められる授業づくりのポイントを示していきます。そのことを通して、子どもたちが「戦争と平和」について深く学び、自らの考えを構築していく際に、社会科だからこそ果たすべき（果たすことができる）役割を明確にしたいと考えます。

本書の構成

以上のようなねらいに基づいて、本書は次のような構成を採っています。

第1章では、「なぜ『戦争と平和』を社会科で教えることが必要なのか」として、社会科の教科としての理念に基づいて、社会科において「戦争と平和」について教えることの意義と目的を示します。

第2章では、「社会科において『戦争と平和』はどのように教えられてきたのか」として、「戦争と平和」をテーマにした社会科授業の一般的なあり方を示し、その特質や課題について明らかにします。

第3章では、「『戦争と平和』をテーマにした社会科授業づくりのポイント」として、第1・2章を踏まえた上で、「戦争と平和」をテーマにした小学校、中学校・高等学校の地理・歴史・公民の授業づくりのポイントを示します。

第4章では、「『戦争と平和』をテーマにしたこれからの社会科授業に必要な3つの新視点」として、「戦争と平和」に関する今日的な動向を踏まえた授業づくりのための視点を、具体的な授業プランとともに示します。

今日、「戦争と平和」を社会科授業のテーマにすることは、政治的中立性の視点から敬遠されがちかもしれません。しかし、ウクライナでの出来事を目の当たりにして、子どもたちが真剣に考えようとしている今だからこそ、「戦争と平和」をテーマに意義深い社会科授業を実践し、子どもたちの疑問に答えていく必要があります。そして、本書がそうした実践の一つの契機となることを願っています。

角田　将士

註

(1)「もう戦争をやめてください」朝日新聞日刊、２０２２年5月１７日付。
(2)「戦争の語り部に学んだ本物の歴史」朝日新聞日刊、２０２２年5月２２日付。

学校で戦争を教えるということ——社会科教育は何をなすべきか

目次

第1章

なぜ「戦争と平和」を
社会科で教えることが必要なのか

1　学校教育における「戦争と平和」へのアプローチ

二つのアプローチ

本章では、「なぜ『戦争と平和』を社会科で教えることが必要なのか」ということについて、社会科の教科としての理念に基づき、社会科で「戦争と平和」を教えることの意義を示していきます。「まえがき」でも示したように、本書は、「教科（社会科）教育」の視点から「戦争と平和」をどう教えるかという課題にアプローチしようとするミクロな視点、すなわち、「一教科としての社会科」の視点に基づくものです。詳しくは後述しますが、「戦争と平和」を社会科で教えることの意義は、次の2点にあると筆者は考えています。

①「戦争と平和」については、多面的・多角的な見方が可能であり、社会認識形成をめざす社会科で追究すべきテーマとして相応しい。

②「戦争と平和」については、見解が鋭く対立する状況が見られ、唯一解を導くことが困難である場合が多い。しかし、そうした解決が困難な課題に対して、自らの考えを粘り強く構築

していく力こそ、これからの社会に求められる資質や能力であり、そうした資質や能力を育てていくことが求められる社会科授業にとって、「戦争と平和」は有益なテーマである。

社会科は、地理・歴史・公民、それぞれの視点から社会的事象について多面的・多角的に考察していく教科であり、そうした視点から、「戦争と平和」について、子どもたちが認識を拡大・深化させ、自らの考えを構築していくのに最も適した教科となっています。

一方で、こうしたミクロな視点からのアプローチではなく、各教科の枠組みを超えて、学校全体で、「戦争と平和」をコア（中核）に据えたカリキュラムを編成するという、マクロな視点からのアプローチも構想されています。

平和概念の拡張に応じたマクロな視点からのアプローチ

マクロな視点からのアプローチの背景には、「平和」の意味が広げられてきたことがあります。単に戦争のない状態を平和と考える「消極的平和」に対して、ノルウェーの著名な平和学者であるヨハン・ガルトゥングは、貧困・抑圧・差別等の構造的暴力がない状態を平和と捉えて、それを「積極的平和」と定義しました。[(1)] この「積極的平和」を実現するには、戦争のような暴力主体が明確な「直接的暴力」の根絶だけではなく、不平等な社会において貧困に陥る人々の生存が脅かされているような「構造的暴力」の解消に向けた取り組みも必要だと考えられています。こうした平和概念の拡張を受けて、平和教育の理論家であり実践家でもあるベティ・リアドンらは、「戦争をなくし、暴力を根絶し、正義を打ちたてる」ために行動する子どもたちを、学校における教育活動全般を通して育成しようとする平和教育のあり方を提唱しました。(2)

リアドンらが提唱している平和教育のあり方とは、戦争をなくすことと、「平和の文化」の実現に向けて、１９９９（平成１１）年5月に示された「21世紀の平和と正義のためのハーグ・アジェンダ」における四つの柱、すなわち、「戦争の根本的原因と『平和の文化』」「国際人道法・国際人権法とその制度」「暴力的紛争の予防・解決・転換」「軍縮・非武装化と人間の安全保障」といった「戦争と平和」に関わるテーマをコア（中核）として、包括的でホリスティックな（全連関的な）カリキュラムを編成していこうとするものです。(3) 四つの柱は、それぞれが広領域なものであるため、それらをコアにカリキュラムを編成しようとすれば、各教科の時間はもちろんのこと、人権学習や環境学習等の教科外での学習活動や学級活動等、学校における教育活動全般を必然的に含み込むものとなり、特定の教科にこだわらない学びが志向されることとなります。例えば、**資料1－1**は、四つの柱のうち、「戦争の根本原因と『平和の文化』」に基づいた実践例ですが、その内容は、「多様性」と「差別」という言葉の意味について議論す

資料１－１：第１の柱「戦争の根本的原因と『平和の文化』」に基づいた実践例

ユニット４　多様性と差別　中学校段階

このユニットのねらいは，ちがいと差別との関係をよりよく理解することである。「平和の文化」の重要な要素のひとつが多様性であり，ちがいを理由にして差別してはならない，ということを学ぶ。

学年と科目

中学校段階。社会科。歴史。時事問題。

準備するもの

チョークと黒板。

方法

ブレーン・ストーミング（皆で意見をだしあうこと）。グループでの話しあい。

学習主題

正義。多様性。民族。差別。人権。寛容。

目的

◆多様性と差別の意味を深く理解し，多様性と差別の意味のちがいを理解する。

◆日頃の生活での実例をとりあげ，関連する問題に応用し，分析できるようにする。

すすめ方

□話しあいの開始□

▶ステップ１◀

黒板に「多様性」という言葉を書き，その言葉の意味を学習者に問いかける。その際，ブレーン・ストーミングというやり方ですすめるということを説明する。

▶ステップ２◀

コメントや分析はせず，でた事柄を黒板に書いていく。

▶ステップ３◀

多様性に関するさまざまな概念を示せるよう，だされたものについて，にているところ，ことなっているところを分析する。

□話しあいの深化□

▶ステップ４◀

多様性と差別を区別できるよう，話しあいをすすめる。実例をあげて，多様性の意味を定義する。その際，多様性と差別という言葉や概念のちがいを説明する。多様性は，自然なものか，あるいは社会的なものか，それらには格差があるか，よく考える。差別は，多様性に社会的不平等をあたえることであり，多様な事柄に社会的価値や値打ちのちがいがある，という判断をくわえるものである。

□まとめ□

▶ステップ５◀

多様性によって，ゆたかになるということを皆で考える。反面，いかに差別が多くの場合に不正や暴力のもとになっているか，そのあり方について話しあう。自然におけるちがい（生態系の均衡をはかる生物多様性という意味）は多様性にあるが，差別は社会的に操作され，他者を傷つけ利益をえる人々によってつくられているのである。

▶ステップ６◀

自分たちの生活や地域において，差別のない多様性がどのようなものか，皆で探求する。そのような理想を実現するには，何ができるか考える。

出所：ベティ・リアドン，アリシア・カベスード（藤田秀雄，淺川和也監訳）『戦争をなくすための平和教育「暴力の文化」から「平和の文化へ」』明石書店，2005年，pp. 119-122，より筆者作成。

るものであり、対象とされている教科（科目）に限らず、様々な場面で実践が可能なものになっています。

こうしたマクロな視点からのアプローチは理想的ではありますが、学校における教育活動全体で取り組むものであり、個々の教師の力だけでは実現ができない分、ハードルが高いものとなっています。そのため、ホリスティックなカリキュラムは十分に実践されない可能性もあることから、まずは社会科の学びを通じて、「戦争と平和」についての多面的・多角的な認識の形成や自らの考えを構築していくことが必要だと考えます。そうした社会科で身に付けた認識、資質や能力は、ホリスティックな学びにおいてもそれを下支えするものになるだけではなく、子どもたちが将来にわたって「戦争と平和」について考えていく際の基盤になると考えます。

2　「戦争と平和」と社会科

国家主義的な教育への反省から(4)

それではなぜ、「戦争と平和」についての多面的・多角的な認識形成や、自らの考えを構築していく場として、社会科が最も相応しいと言えるのでしょうか。それは、社会科という教科自体が、悲惨な対外戦争へと国民を駆り立てていった国家主義的な教育に対する反省の上に、戦後になって新設された教科であり、社会認識の形成と市民性の育成を教科の理念として位置付けているからです。

日本において、社会科が教育課程上に初めて位置付けられたのは、1947（昭和22）年のことです。アメリカの影響を受けた戦後の教育改革においては、戦前期、特に1930年代から40年代にかけての昭和戦中期に隆盛を極めた国家主義的な教育からの脱却がめざされました。

資料1－2は、1943年に発行された、初等用の国定国史（日本史）教科書『初等科国史

資料1－2：『初等科国史 下巻』（1943年）より

第十五　昭和の大御代

天皇陛下の御ために

とに獅子の氣性あれば、はね返りて死せずといへり。汝すでに十歳に餘りぬ。一言耳にとどまらば、わが教へにたがふことなかれ。今度の合戰、天下の安否と思へば、今生にて汝が顔を見んこと、これを限りと思ふなり。………敵寄せ來らば、命にかけて忠を全うすべし。これぞ汝が第一の孝行なる。」

私たちは、一生けんめいに勉強して、正行のやうな、りつぱな臣民となり、天皇陛下の御《おん》ために、おつくし申しあげなければなりません。

百八十八

第十五　昭和の大御代

終

百八十九

下巻』の最末尾のページです。ここには、「りっぱな臣民」といった記述に加えて、靖国神社の社頭を描いた挿絵に対して、本文中にも見られる「天皇陛下の御ために」というタイトルを付されています。靖国神社が戦争で亡くなった人たちが英霊として祀られる場所であることを踏まえれば、この教科書に込められたメッセージとは、国家が進めている対外戦争に対して、死をも厭わずに一身を捧げて協力することが、日本人として望ましい生き方である、というものだと考えられます。つまり、歴史の学習を通じて、国家が遂行する施策を支える人材の育成がめざされていたわけです。

しかし、国内外で多大な数の犠牲者を生

み出す結果となり、国家が求める一つの方向へと子どもたちを統制するものになっていた教育のあり方が、戦後、問題視されることとなりました。

新教科「社会科」がめざしたもの(5)

1945(昭和20)年の敗戦を期に、アメリカの影響の下で、新しい教育のあり方が模索されました。そして、国家に対して無批判に迎合していくのではなく、民主的で平和的な国家・社会の形成者として求められる資質や能力(=市民性)の育成を主眼とする、新教科「社会科」が誕生することとなりました。社会科は、1947年に示された学習指導要領において、はじめて教育課程上に位置付けられましたが、この学習指導要領は、強制力を伴わない「試案」という形で示され、各教師たちが地域や子どもたちの実態に応じて自由に教育実践を創造していくことが求められました。そこでは、**資料1-3**に示されているように、「自主的科学的な考え方を育てて行くことは、社会科の中で行われるいろいろな活動にいつも工夫されていなければならない」とされており、国家の求める国民像に向けた教化ではなく、子どもたちの自主的自律的な思想形成を支援していく教育が志向されていました。「Social Studies(社会研究)」という原語にも表れているように、社会科は、子どもたちが、自分たちが生活している社

資料１－３：『学習指導要領社会編Ｉ（試案）』（1947年）より

従来のわが国の教育、特に修身や歴史、地理などの教授において見られた大きな欠点は、事実やまた事実と事実のつながりなどを、正しくとらえようとする青少年自身の考え方あるいは考える力を尊重せず、他人の見解をそのまゝに受けとらせようとしたことである。これはいま、十分に反省されなくてはならない。もちろん、それは教育界だけのことではなく、わが国で社会一般に通じて行われていたことであって、そのわざわいの結果は、今回の戦争となって現われたといってもさしつかえないであろう。

自主的科学的な考え方を育てて行くことは、社会科の中で行われるいろいろな活動にいつも工夫されていなければならない。

会について深く学び、より良い社会のあり方を考えていくために必要となる資質や能力を獲得するための教科として誕生しました。

こうした教科としての理念に基づけば、「戦争と平和」についての多面的・多角的な認識形成や、自らの考えを構築していく場として、社会科が最も相応しいと考えます。「戦争」はその時々に社会のあり方を大きく変えてきましたが、特に日本においては、昭和期のアジア・太平洋戦争がその後の社会のあり方に大きな影響を与えています。つまり、「戦争」について深く学ぶことは、現在の（あるいは過去の）社会のあり方を理解していくことにも繋がっています。また、「平和」の実現に向けた手立てを探る中で、その障壁となる社会的な課題を認識し、その克服に向けて自らの考えを構築していくことは、これからの社会のあり方を構想していくことに他なりません。こうした学びのあり方は、社会科がめざす学びそのものであるとも言えます。このように、子どもたちが「戦争と平和」について真剣に思考し、自らの考えを深めていくために、社会科が果たすべき（果たすことができる）役割は極めて大きいものと考えます。

3 「戦争と平和」を社会科で教える意義と目的

政治的中立性による授業化の回避

ところが、そうした社会科が果たすべき役割と同時に、今、教師たちは「政治的中立性」という大きな課題に直面しているといえます。

近年、政治的中立性が、教師たちの授業づくりの上での大きな課題として注目されるようになった背景には、２０１５（平成２７）年６月に公職選挙法等の一部を改正する法律が成立、公布され、選挙権年齢が満２０歳以上から満１８歳以上に引き下げられたことがあります。こうした制度の変更を受けて、満１８歳の時点で自律的に投票できるだけの政治的知識や判断力を身に付けておく必要性が生じ、学校における主権者教育や政治教育の強化が叫ばれました。教育基本法第１４条第１項には、「良識ある公民として必要な政治的教養は、教育上尊重されなければならない。」とされており、政治的素養の涵養という、極めて重要な責務を果たせるような授業づくりが求められています。学校教育において主権者教育や政治教育の中核を担う社会科には、そういった意味でも、大きな期待が寄せられていると言えます。

ところが、そうした社会的な要請とは裏腹に、学校現場の反応には厳しいものがありました。教師たちには政治的中立性の問題が突き付けられたからです。教育基本法第１４条第２項には、「法律に定める学校は、特定の政党を支持し、又はこれに反対するための政治教育その他政治的活動をしてはならない。」と定められており、党派的な教育や偏向した教育は禁じられています。しかし、どこまでは政治教育であり、どこからがそれを逸脱するものなのかという線引きは必ずしも明確ではありません。その一方で、現実の政治的な課題は、国民間や政党間で見解が分かれているものがほとんどです。そうした現実の政治的課題を授業で取り上げようとすれば、政治的中立性の問題に抵触する危険性が生起します。実際に、ある県では、安全保障関連法案に対する模擬投票を採り入れた高校の公民科授業が県議会で批判されたということもありました。また、２００９年に示された「義務教育諸学校教科用図書検定基準」の中には、「閣議決定その他の方法により示された政府の統一的な見解又は最高裁判所の判例が存在する場合には、それらに基づいた記述がされていること。」といった、社会科教科書における基準も示され、領土問題等の記述については、日本政府の立場を示すものであることが求められました。

こうした動向の中で、現実の政治的な課題を取り上げる際には、一定の制約がかかることがあり、こうした課題を扱うことを躊躇する風潮が学校現場に広まっているとも考えられます。[6]本書で扱っている「戦争と平和」というテーマについては、日本も含めて多くの国々にとって大きな課題であり、そのあり方を巡っては、国内はもとより、時に激しい国際的な対立を生じさせることもあります。[7]そのため、政治的中立性の視点から、「戦争と平和」というセンシティブなテーマを、社会科においてどのように授業化するか悩むことも多いのではないでしょうか。

しかし、自分たちが生活している社会について深く学び、より良い社会のあり方を考えていくために必要となる資質や能力を獲得するための社会科において、人々の見解が鋭く対立する論争的な政治的問題を積極的に教材化していくことの教育的価値は大きく、[8]また、「まえがき」でも述べたように、ウクライナでの出来事を目の当たりにして、子どもたちが真剣に考えようとしている今だからこそ、政治的中立性を担保した上で、「戦争と平和」をテーマに意義深い社会科授業を実践していく必要があります。

それでは、教師にとっては、ある意味で「逆風」が吹いているとも言えるような状況の中で、どのような視点に基づいて「戦争と平和」をテーマにした社会科授業を構想していけばよいのでしょうか。

「戦争と平和」を社会科で教える意義と目的

こうした教師にとっては困難な状況の中でも、先述したように、「戦争と平和」を社会科で教えることの意義は、次の2点にあると筆者は考えています。

①「戦争と平和」については、多面的・多角的な見方が可能であり、社会認識形成をめざす社会科で追究すべきテーマとして相応しい（＝**子どもたちの社会認識の拡大・深化に寄与することができる**）。

②「戦争と平和」については、見解が鋭く対立する状況が見られ、唯一解を導くことが困難である場合が多い。しかし、そうした解決困難な課題に対して、自らの考えを粘り強く構築していく力こそ、これからの社会に求められる資質や能力であり、そうした資質や能力を育てることが求められている社会科授業にとって、「戦争と平和」は有益なテーマである（＝**社会科で育成することが求められる資質や能力の育成に寄与できる**）。

例えば、古今東西、戦争は様々な要因が複合的に絡まり合って起きています（起きてきました）。その原因を理解しようと思えば、地理的要因や歴史的背景、社会的背景等に注目する必要があります。社会科は、地理・歴史・公民、それぞれの視点から社会的事象について多面的・多角的に考察していく教科であり、そうした視点から、「戦争と平和」について、子どもたちが自らの認識を広げ、深めていくのに最も適した教科となっています。

また、平和の実現に向けた方途には、国内的／国際的等、様々なレベルでの取り組みが考えられますが、例えば、国際連合等の国際的な枠組みに基づいた取り組みについては、それぞれの国の思惑が複雑に関係しており、常にそのあり方が揺れ動いていくため、そこに唯一解を見出すことが難しく、そのため、常により妥当な方途を探っていく必要があります。そうした試行錯誤とも言える思考のあり方は、複雑な社会の現状について考察し、唯一解を見出すのが困難な現代社会において、その将来像を構想していく力を育成する社会科授業にとって相応しいものであると言えます。

このように、日本を含めて世界各地で起きた（起きている）戦争について深く考察し（主として①に相当）、そこから学び取った知見を活かして、平和な社会の実現に向けてなすべきことを構想していく（主として②に相当）ことは、社会の将来像を描いていくための有益な場となり得ます。そして、「戦争と平和」を社会科で授業化することの目的はここにあると考えます。社会科で育成すべき、民主的で平和的な国家・社会の形成者に求められる認識形成、資質や能力の育成に向けた魅力的なテーマとして、「戦争と平和」を積極的に授業化していくことが求められます。

「戦争と平和」を社会科で教える際の原則

一方で、先に述べたように、授業化には、政治的中立性の課題も伴います。そのため、社会科において、「戦争と平和」を授業化していく際には、昭和戦中期に見られたような国家主義的な教育のように、多様な見解を封殺し、皆が異口同音に一つの方向性に基づいた正解を述べることを求めるような、特定の立場に絡めとられたものにならないようにすることが何よりも肝要です。

そうした社会科授業に陥らないようにするためには、まずは、授業で扱う「戦争や平和」についての多様な見解について、「○○（政府・団体・個人等）は□□と主張している」ということを「事実」として扱うことが大切です。誰かの見解を事実として扱うことができれば、その評価を子どもたちに委ねることができます。また、「戦争と平和」に関する唯一解を教えるのではなく、それらを「問題」として扱うこと、すなわち、私たちの社会（国）には、「戦争や平和」を巡ってどのような問題が存在しているかを捉えさせることが求められます。「戦争はなぜ起きる（起きた）のか」「平和の実現に向けた国際的／国内的課題とは何か」といった、子どもたちの認識を拡大・深化させるような問題（問い）について考察していくことが求められます。

「戦争と平和」をテーマに社会科授業を構想する際には、まずはこれらの点を原則として、授業づくりに取り組む必要があります。[(9)] 逆に言えば、こうしたことを実現することができたならば、「戦争と平和」は社会科授業にとって魅力的なテーマとなり得ます。

これらの原則を前提に、本書では、小学校社会科、中学校・高等学校の地理・歴史・公民学習それぞれについて、どうすれば子どもたちにとって意義深い社会科授業を構想することができるのか、そのための授業づくりのポイントについて示していきますが、それに先立ち、第2章では、これまでに見られた「戦争と平和」の社会科授業のあり方やその課題について考察し、これらの原則がなぜ重要なのかをより明確にしていきます。

註

(1)　「積極的平和」について詳しくは、ヨハン・ガルトゥング（高柳先男、塩屋保、酒井由美子訳）『構造的暴力と平和』中央大学現代政治学双書12、中央大学出版部、1991年、等を参照されたい。

(2) ベティ・リアドン、アリシア・カベスード（藤田秀雄、淺川和也監訳）『戦争をなくすための平和教育「暴力の文化」から「平和の文化」へ』明石書店、2005年、pp. 14-16.

(3) 同前書、pp. 21-23.

(4) この項の記述は、角田将士『NG分析から導く 社会科授業の新公式』明治図書、2022年、pp. 12-17、を再構成したものである。

(5) 同前。

(6) 2015年3月、文部科学省は「学校における補助教材の適正な取扱いについて」という通知を出し、偏った取り扱いを禁じるとともに、「校長の責任の下」での適切な取り扱いを求めている。そのため、授業で使用する資料についても、管理職が事前にチェックする体制を採るといった学校も見られる。

(7) 例えば、アジア・太平洋戦争の評価を巡っては、「新しい歴史教科書をつくる会」（1997年設立）を中心に、これまでの中学校の歴史教科書の一部は「自虐史観」「東京裁判史観」に基づいたものであり、「日本に誇りを持てる」教科書の発行と普及が唱えられ、歴史認識を巡って激しい論争が展開された。2000年代に入ると、検定意見を受けて修正されたものの、同会が発行した中学校の歴史、公民教科書が、一部の学校に採択されたことを受けて、その内容や採択運動のあり方を巡って、様々な立場から批判や反対運動が展開されていった。とりわけ過去の対外戦争を歴史教科書においてどのように記述するかについては、国内外で激しい論争になってきた。

(8) このことについて詳しくは、ダイアナ・E・ヘス（渡部竜也、岩崎圭祐、井上昌善監訳）『教室における政治的中立性　論争問題を扱うために』春風社、２０２１年、を参照されたい。

(9)　これらの原則については、草原和博「なぜ国境・国土・領土の指導が要求されるのか」草原和博、渡部竜也編著『〝国境・国土・領土〟教育の論点争点　過去に学び、世界に学び、未来を拓く社会科授業の新提案』明治図書、２０１４年、pp. 11–20、を参照した。

第2章

社会科において「戦争と平和」は どのように教えられてきたのか

1　共感的な理解を軸にした授業構成

どのような授業か

本章では、「戦争と平和」をテーマにした社会科授業について、これまでに見られた代表的な授業構成のあり方を二つ取り上げ、その特質や課題について明らかにすることで、求められる授業づくりの方向性をより明確にしていきたいと思います。ここでは、まず「共感的な理解」を軸にした授業構成について考察していきます。

２０１７（平成２９）年告示の小学校学習指導要領では、社会科の第６学年の目標として、「平和を願う日本人として世界の国々の人々と共に生きることの大切さについての自覚を養う」とあります。[(1)] 日本国憲法の原則でもある「平和主義」を子どもたちに納得させるためには、戦争の悲惨さを強調し、戦争が許されざる行為であり、その反省の上に平和国家としての日本が建設されたことを共感的に理解させていくことが、最も有効な手立てだと考えられます。

次に示した授業事例（学習指導案）「戦争と国民生活」は、共感的な理解を軸にした授業構成の考え方に基づいて、筆者が、小学校第6学年の教科書記述を基に、アジア・太平洋戦争と国民生活を主題に構成したものです。まずはこれに基づいて、このタイプの社会科授業がどのような授業なのかを確認しましょう。

授業の展開

まず導入部では、日中戦争が始まった経緯、中国だけでなく資源を求めて東南アジアにも日本が軍隊を進めたことでアメリカやイギリスとの対立を招き、両国との戦争につながったことを確認し、アジア・太平洋地域に「戦争が拡大したことによって、人々の生活にはどのような影響があったのか」という本時の学習課題を設定します。

続く展開部Ⅰでは、占領地域での日本軍による物資徴発や、住民を戦争に協力させていたこと等を確認します。次に、日本国内においても、戦争に労働力や物資をつぎ込むことが最優先され、言論統制、鉄等の資源回収と代用品の使用、生活必需品の切符制・配給制等、国民の生活が苦しくなっていたことを確認していきます。また、アメリカ軍が優位に立つと日本全土に空襲が行われ、多くの犠牲者が出るようになったこと、激しい地上戦が行われた沖縄でも多くの人々が命を落としたことを確認していきます。

小学校社会科 学習指導案

1 主題 「戦争と国民生活」

2 目標 ① 日本各地の空襲や艦砲射撃等による被害について調べ，戦争によって国民生活が大きな損害を受けたことを理解する。

② 特に，戦時下における子どもたちの生活の様子を調べ，その心情を共感的に理解することで，戦争に反対しようとする気持ちを高める。

3 学習展開

	発問（指示・説明）	資料	児童に身に付けさせたい知識
導入	•不景気から抜け出すために満州（中国東北部）に勢力を拡大しようとした日本が，各国の批判を受けて国際連盟を脱退した後，どうなったか。	① 資料「中国で拡大する戦争」	•満州事変の後，日本軍は中国北部にも勢力を広げようとしており，1937（昭和12）年，中国軍との間に衝突が起こって，日中戦争が始まり，1945年まで続いた。
	•アメリカやイギリスとの関係はどうなっていったか。	② 資料「広がる戦場」 ③ 資料「日本が確保しようとした東南アジアの主な資源」	•日本はドイツ・イタリアと軍事同盟を結び，アメリカやイギリスと対立を深めていった。さらに，日本は新たな資源を求めて，欧米各国の植民地となっていた東南アジアに軍隊を進めた。日本政府はアメリカとの戦争を回避しようと話し合いを続けたが，1941年12月8日，日本軍がマレー半島のイギリス領と，ハワイのアメリカ軍基地を攻撃したことで，両国とも戦争になり，戦場は中国から東南アジアや太平洋に広がっていった。
	◎戦争が拡大して，人々の生活にはどのような影響があったのか。		
展開Ⅰ	•戦争の拡大で占領した地域の人々のくらしはどうなったか。	④ 写真「日本軍が占領したジャワ島で働く住民たち」	•日本軍は物資の補給に苦労し，占領した地域で食料や資源を取り上げて，住民を戦争に協力させていた。それに対して抵抗運動も見られた。

	・日本国内では人々のくらしはどうなっていったか。	⑤ 年表「戦争中の人々のくらし」 ⑥ 写真「竹製のランドセル」「陶器のアイロン」「戦争中の国民の服装」	・日本国内では，工場などで働く人や物資を政府が思うように戦争につぎ込むことができる法律がつくられたり，戦争に反対する新聞や出版物等が厳しく取り締まられたりした。 ・資源が少ない日本では，武器の原材料となる鉄等の使用が制限されて，代用品が出回ったり，さとうや米等の生活必需品は切符制・配給制となった。「ぜいたくは敵だ」といった標語も生まれ，国民の生活は苦しくなっていった。
	・当初は日本が優位に戦っていたが，1942年頃からアメリカ軍の反撃が始まると，日本はどうなっていったか。	⑦ 資料「空襲を受けた主な都市とその被害」	・アメリカ軍は太平洋の島々を占領し，そこから日本全土へ爆撃（空襲）を行った。1944年6月，九州の八幡製鉄所が空襲を受け，その後，国内への空襲が本格化した。1945年3月には，東京・大阪等の主要な都市にも空襲があり，その後も地方都市に拡大し，全国で約30万人の人々が命を落とした。
	・戦場となった沖縄ではどのようなことが起きたか。	⑧ 資料「戦場となった沖縄」	・アメリカ軍は，1945年3月末から，空からだけではなく，海からも激しい艦砲射撃を行う等，沖縄島への攻撃が開始され，4月になると沖縄島への上陸を開始した。3か月にわたって各地で激しい地上戦が行われ，追い詰められた住民の中には集団自決をした人も多数いた。結果として，日本軍約9万人，沖縄県民約9万人が命を落とし，沖縄はアメリカ軍に占領された。
展開Ⅱ	・戦争が不利になってくると子どもたちのくらしはどのようになっていったか。	⑨ 写真「兵器工場で働く女学生」「集団疎開」「学徒出陣」	・中学生や女学生が兵器工場に動員され，大学生は不足する戦力を補うために兵士として動員された。 ・1944年8月になると，都市に住む小学生たちは空襲を避けるために，親元を離れて地方へ集団疎開させられた。

		⑩資料「当時の教科書」 ⑪写真「小学生の軍事教練」	・小学校は「国民学校」と呼ばれるようになり，国語の教科書にも兵士のことが書かれてあったり，修身や歴史の教科書には天皇を大事にすることが書かれてあったりした。また，戦い方を学ぶ時間もあった。 ・子どもたちの生活は戦争中心になっていった。
	・戦争を経験した地域の高齢者の話はどのようなものだったか。	⑫ゲストスピーカーの話（要旨）	・ゲストスピーカーの話を振り返る。
終結	◎戦争が拡大して，人々の生活にはどのような影響があったのか。		◎戦場で戦う兵士だけでなく，占領した地域の人々や国内の人々にも大きな影響があった。人々のくらしは次第に苦しくなり，空襲等で多大な犠牲が出た。子どもたちの生活も戦争中心となった。
	・自分が当時の子どもたちだったらどのように感じるか。		〈予想される意見〉 ・親元を離れて集団生活を送らないといけなくなり，いつ帰れるかわからないので不安で寂しい。 ・戦争中心，がまんばかりの生活はつらいし自分なら嫌だ。 ・いつ空襲で命を落とすかもしれないのでとにかく怖い。
	◎当時の子どもたちの苦しみや悲しみを繰り返さないためにはどうしたらよいか。学習を振り返って，戦争に対する自分なりの考えや想いを表明してみよう。	⑬パフォーマンス課題「当時の子どもたちの苦しみや悲しみを繰り返さないためにどうしたらよいか」	〈予想される意見〉 ◎とにかく戦争が起きないようにしたい。 ◎もし戦争が起きそうになったら絶対に反対する。

出所：共感的な理解を軸にした授業構成の考え方に基づき，『小学社会　6年』日本文教出版，2021年，pp. 194-209，を参照して，筆者作成。

展開部Ⅱでは、当時の子どもたちの生活について、勤労動員や学徒出陣、集団疎開等が行われたことを確認し、さらに、当時の教科書の記述や授業内容から、小学生の学校生活も戦争中心になっていたことを確認します。さらに、戦争を体験した地域の高齢者の話から、当時の様子をより具体的にイメージしていきます。

そして、終結部では、戦争の拡大によって、国内外の人々の生活は苦しくなっていたことを確認し、本時のまとめとします。その上で、本時の締め括りとして、そうした事態に直面した当時の子どもたちの気持ちを想像させた上で、そのような苦しみや悲しみを繰り返さないようにするためにはどうしたらよいか、パフォーマンス課題として、戦争に対する各自の考えや想いを表現します。

このように、授業事例「戦争と国民生活」は、戦争の拡大によって人々の生活が苦しくなっていたこと、子どもたちの生活も戦争中心になっていたことを学び、当時の子どもたちがどのような気持ちだったのかを共感的に理解し、それを基に、戦争に対する自らの立場（行動）を決断させるものになっています。

それでは、このような授業にはどのような課題があるのでしょうか。次に、こうした授業展開の基盤となる授業構成の考え方を明確にしていきましょう。

授業構成の考え方①子どもたちを特定の立場に立たせて自らの行動を決断させる

それぞれの社会科授業には、その基盤となる授業構成の考え方があります。それは「何のために、何を、どのように学ぶか」についての考え方であり、社会科授業における「目標・内容・方法」の捉え方です。

それでは、授業事例「戦争と国民生活」の基盤には、どのような授業構成の考え方があると言えるでしょうか。まずは、授業事例「戦争と国民生活」における、次の二つの目標について考えてみてみましょう。

① **日本各地の空襲や艦砲射撃等による被害について調べ、戦争によって国民生活が大きな損害を受けたことを理解する。**

② **特に、戦時下における子どもたちの生活の様子を調べ、その心情を共感的に理解することで、戦争に反対しようとする気持ちを高める。**

こうした目標に基づいて、授業においては、戦争の拡大とともに苦しくなっていった人々のくらしの様子を理解し、その上で、自分が当時の子どもたちの立場なら、そうした状況に対してどのように感じるかを考え、戦争に対する自らの立場を決断させていました。つまり、ここでは、学習指導要領にも示されているように、アジア・太平洋戦争の学びを通じて、実践的な判断を下し、行動を起こしていく力、すなわち、平和を願う日本人として求められる資質や能力の育成がめざされていると言えるでしょう。

しかしその一方で、「当時の子どもたちの立場から」とされているように、児童たちの判断や対処の仕方は、教師によってあらかじめ方向付けられたものになっており、そのため、教師が望ましいと考える生き方（価値）を内面化するものになっているとも言えます。

授業構成の考え方②特定した立場からみた事象の特色の追究

こうした目標を達成するために、授業事例「戦争と国民生活」においては、アジア・太平洋戦争の特色（解釈）のうち、とりわけ「人々のくらしを苦しくした」とする特色（解釈）を提示するものになっています。そして、児童たちが、そうした特色（解釈）に無理なく到達できるように、アジア・太平洋戦争という歴史的事象を構成する無数の事実群の中から、物資や言論の統制、日本全土への空襲や沖縄での地上戦での損害、集団疎開といった、それに合致した事実が選択的に取り上げられています。

授業構成の考え方③共感的な理解を基に自らの行動を決断する

このようなアジア・太平洋戦争の特色（解釈）を捉えることで、児童たちが当時の子どもたちの姿に自らを重ね、そこから採るべき行動を決断できるように、授業事例「戦争と国民生活」では、共感的な理解を重視しています。終結部において、授業の締め括りのパフォーマンス課題として、自らの採るべき行動について考え表現する活動に取り組むようになっていますが、児童たちの決断の基になるのは、厳しい現実に直面した当時の子どもたちの気持ちを想像してみる活動です。

そうした共感的な理解を基にして自らの行動を決断してきます。そこでは、資料やデータに基づいた理性的な判断というよりは、当時の子どもたちの想いや願いに寄り添って感情的に判断するように構成されていると言えます。

共感的理解を軸にした授業構成の課題

こうした考え方に基づいて構成される社会科授業の課題は、子どもたちの思考や判断を一つの方向性へと導いてしまっている点にあります。

授業事例「戦争と国民生活」が重視している「平和主義」の理念は、それ自体一つの価値です。もちろんそれは世界に誇ることのできるすばらしい国家の理念であり、それを是認することは私たち国民の多数意見であると言えます。そして、こうした価値を子どもたちとも共有していくことは、平和国家日本を守り続けていく上でとても大切なことだと考えます。しかしその一方で、特定の価値を重視するあまり、本来、多様で開かれた思考や判断を保証すべき社会科授業において、子どもたちの思考や判断を閉ざし、一つの方向性へと導いていくことは避けなければいけません(2)。

多面的・多角的な考察に基づいた多様な思考や判断を通じて、自らの考えを構築していくという社会科の理念に基づけば、子どもたちの思考や判断を閉ざしてしまう可能性を内包する、共感的な理解を軸にした授業構成には課題があると言えます。

２　子どもたちの活動を軸にした授業構成

どのような授業か

次に、もう一つの代表的な授業構成のあり方として、「子どもたちの活動」を軸にした授業構成について考察していきたいと思います。

前章でも述べましたが、平和学研究の展開に伴って、単に戦争のない状態を平和と捉える「消極的平和」に対して、貧困・抑圧・差別等の構造的暴力がない状態を平和と捉え、それを「積極的平和」と定義し、その実現に向けて様々な社会的課題の解決に向けた取り組みが求められるようになってきました。そのため、戦争に限らず、人権や社会的格差、開発や環境等の課題についての学習も平和のための学習として認知されるようになり、そうした社会的な課題を取り上げて、その解決策を子どもたち自身に構想させる実践が多く見られるようになりました。子どもたちを「平和をつくる人（＝ピースメーカー）」に育てていこうとすれば、そうした社会的な課題を自分事として捉え、積極的に行動できる実践力を培っていくことが求められます。そのため、社会的な課題の解決に向けて、自分たちにできることを構想し、具体的な行動を起こすといった、子どもたち自身の活動を軸に授業を展開していくことが有益だと考えられるようになってきました。

次に示した授業事例（学習指導案）「持続可能な社会をめざして」は、直接的に「戦争と平和」の問題を取り上げるのではなく、子どもたちの活動を軸にした授業構成の考え方に基づいて、筆者が、中学校公民的分野の教科書記述を基に、持続可能な開発目標（SDGs）を主題に、生徒たちが「積極的平和」について考えることができるように構成したものです。まずはこれに基づいて、このタイプの社会科授業がどのような授業なのかを確認しましょう。

授業の展開

まず導入部では、本時の主題となる「持続可能な開発目標（SDGs）」について、２０３０年までに達成が求められる１７の目標を確認します。その上で、「SDGs の達成に向けて、私たち一人ひとりにできることを考えよう」という本時の学習課題を提示します。

続く展開部Ⅰでは、SDGs に先行して設定された「ミレニアム開発目標（MDGs）」を取り上げ、SDGs と比較対照することで、MDGs が発展途上国についての議論が中心で、政府主体の

中学校社会科 公民的分野 学習指導案

1　**主題**　「持続可能な社会をめざして」

2　**目標**　①「持続可能な開発目標（SDGs）」が設定された理由について，「ミレニアム開発目標（MDGs）」と比較して理解する。

②　SDGs17の目標とは，どのようなものなのか，どの目標が重要だと考えるということについて自分なりの考えを持つとともに，その達成に向けて自分たちにできることを考え，発表する。

3　**学習展開**

	発問（指示・説明）	資料	生徒に身に付けさせたい知識
導入	・地球環境保護のための国際的な取り組みとして，1992年に国連環境開発会議（地球サミット），1997年には地球温暖化防止京都会議が開催された。その後，国際連合の総会では，世界が直面している様々な課題を解決するため，2015年に「持続可能な開発目標(SDGs)」に合意したが，それはどのようなものだったか。 ◎SDGsの達成に向けて，私たち一人ひとりにできることを考えよう。	①年表「人権・環境に関する国際的な取組の歩み」 ②資料「国際社会共通の目標――SDGs」	・SDGs（Sustainable Development Goals）は「誰一人取り残さない社会」を標語に，2030年までに達成すべき目標として，下記の17の目標が設定されている。 1　貧困をなくそう 2　飢餓をゼロに 3　すべての人に健康と福祉を 4　質の高い教育をみんなに 5　ジェンダー平等を実現しよう 6　安全な水とトイレを世界中に 7　エネルギーをみんなに　そしてクリーンに 8　働きがいも経済成長も 9　産業と技術革新の基盤を作ろう 10　人や国の不平等をなくそう 11　住み続けられるまちづくりを 12　つくる責任 つかう責任 13　気候変動に具体的な対策を 14　海の豊かさを守ろう 15　陸の豊かさも守ろう 16　平和と公正をすべての人に 17　パートナーシップで目標を達成しよう

展開Ⅰ	・SDGsが設定される以前に国際社会共通の目標とされていた「ミレニアム開発目標（MDGs）」とはどのようなものだったか。	③資料「MDGsとは」	・MDGs（Millennium Development Goals）は，2000年9月にニューヨークで開催された国連ミレニアム・サミットで採択された国連ミレニアム宣言を基にまとめられた国際社会共通の目標で，2015年を達成期限として，下記の8つの目標が設定された。 1　極度の貧困と飢餓の撲滅 2　初等教育の完全普及の達成 3　ジェンダー平等推進と女性の地位向上 4　乳幼児死亡率の削減 5　妊産婦の健康の改善 6　HIV／エイズ，マラリア，その他の疾病の蔓延の防止 7　環境の持続可能性確保 8　開発のためのグローバルなパートナーシップの推進
展開Ⅰ	・MDGsとSDGsの違いは何か。	④資料「SDGsとMDGsの違い」	・MDGsは発展途上国についての議論が中心で政府主体の取り組みだったのに対して，SDGsは「誰ひとり取り残さない」を標語に，先進国，発展途上国に共通する目標として，より実効性を高めるために，政府だけではなく，企業やNGO，個人が主体となった取り組みを求めるものになっている。
展開Ⅱ	・SDGsの達成に向けて，個人の取り組みも重視されている。あなた自身は17の目標のうち，特にどの目標を重視したいか。また，そのように考える理由は何か。	⑤ワークシート「SDGs：どの目標を重視しますか」	・ワークシートを基にどの目標を重視したいかを考える。その際，その目標に関わる世界／日本の現状を調べ，具体的な理由を挙げるようにする。
展開Ⅱ	・グループごとに相互発表しよう。	⑥タブレット	・タブレットの生徒間交流の機能を活用して，グループ内で発表する。 ・発表者は，選択した目標とそれを選んだ理由について発表する。

	•グループごとに協議して，特に優先させたい自分たちの「推し目標」を1つ選ぼう。	⑦発表シート	•発表シートを用いて，グループとして特に優先させたい目標を1つ選んで，その理由も合わせて表現する。
終結	•グループごとの「推し目標」をクラス全体に発表する。 ◎自分たちが選んだ「推し目標」の達成に向けて，今日からできることはないか。具体的な行動に向けた提案をしよう。	⑥タブレット ⑥タブレット ⑧提案シート「推し目標の達成に向けて」	•作成した発表シートをタブレットで教員に送り，クラス全体に共有する。グループの代表がそれぞれの「推し目標」とその目標を選んだ理由について解説する。 ◎選定した「推し目標」の達成に向けて「今日からできること」についてプレゼンを行い，自分たちのアイデアをクラス全体に紹介する。

出所：子どもたちの活動を軸にした授業構成の考え方に基づき，『中学社会　公民的分野』日本文教出版，2021年，pp. 206-207；筆者が勤務校で担当する教職課程科目「(教)社会科・公民科授業法」において2022年度の受講生たちが作成した学習指導案を参照して，筆者作成。

取り組みが主であったのに対して、SDGsは「誰一人取り残さない」を標語に、先進国・発展途上国に共通する目標として設定されており、達成に向けた実効性をより高めるために、政府だけでなく、企業やNGO、個人も主体となって行動することが求められていることを確認しています。

展開部Ⅱでは、個人の取り組みも重視されているというSDGsの特色を踏まえた上で、設定された17の目標のうち、自分自身はどの目標を特に重視したいと考えるか、またそのように考える理由について、世界／日本国内の状況を調べることを通して、考えていきます。そして、個人での考えをグループで共有した上で、グループ内で協議して、グループごとに特に優先させたい「推し目標」を選定させています。

そして、終結部では、それぞれの「推し目標」をクラス全体で共有した上で、その達成に向けて「今日からできること」についてのアイデアをグループごとに構想し、クラス全体に向けて提案する活動に取り組みます。

このように、授業事例「持続可能な社会をめざして」は、個人の取り組みも重視しているSDGsの特色を踏まえた上で、自分たちが特に重視したい目標の達成に向けて、自分たちにできることを構想し、提案するという活動を軸に展開します。

それでは、このような授業にはどのような課題があるのでしょうか。次に、こうした授業展開の基盤となる授業構成の考え方を明確にしていきましょう。

授業構成の考え方①学習の成果を子どもたちに委ねる

授業事例「持続可能な社会をめざして」では、次の２点が目標とされていました。

①「持続可能な開発目標（SDGs）」が設定された理由について、「ミレニアム開発目標（MDGs）」と比較して理解する。

② SDGs17の目標とは、どのようなものなのか、どの目標が重要だと考えるかということについて自分なりの考えを持つとともに、その達成に向けて自分たちにできることを考え、発表する。

これらの目標に基づいて、授業においては、自分が選択した目標について、その達成に向けて必要なことを考え、具体的な行動策を構想し、提案する活動が取り入れられています。こうした授業展開を通して、SDGsやMDGsの内容や特色についての知識が習得されるものの、学習の中核となっている、生徒たちがそれぞれに進めていく考察や構想において、どのような内容と質の知識が習得されるのかということについては、生徒たち自身に委ねられていると言えます。従って、教師がそれぞれの提案内容について評価し、例えば、不足している視点や情報について指摘し、それに基づいて再考察を求めるといった具合に、教師による積極的な関わりは想定されていません。

また、「推し目標」を相互に発表する活動や、「今日からできること」を構想してクラス全体に提案するという活動からは、プレゼンスキルの向上も期待できますが、これについても特定の基準で評価されるといったことはなく、ここでも、どのような質のスキルが獲得されるかということについては、生徒たち自身に委ねられていると言えます。

このように、授業事例「持続可能な社会をめざして」では、何を学ぶかは子どもたちに委ね、授業では、「学びの場」を提供するというあり方を見て取ることができます。

授業構成の考え方②子どもたちの思考や判断が尊重されるオープンな学習課題を設定する

このような授業では、教師が提供する学びの場を通じて何を学ぶかは子どもたちに委ねられますので、授業で取り上げられる内容（主題）には、子どもたちが自由に発想し、自分たちなりの考えを表現しやすい、オープンな学習課題が設定されることになります。

授業事例「持続可能な社会をめざして」における「SDGsの達成に向けて、私たち一人ひとりにできることを考えよう」という学習課題にも、当然ですが、一つの定まった正解はなく、生徒たちが自由に発想し、行動策を考案していきます。そこでなされる思考や判断の是非についても、生徒たち自身に委ねられていると言えます。

子どもたちの活動を軸にした授業構成の課題

こうした考え方に基づいて構成される社会科授業には、「活動あって学びなし」といった言葉もあるように、学習の成果として形成される認識の質に課題があると言えます。子どもたちの活動が軸となって授業が展開される場合、子どもたちの意識の及ぶ範囲内での追究が中心となるため、結果として形成される社会認識が常識的なものに留まってしまうことが多いと思われます。

例えば、2018（平成30）年の調査では、日本のSDGs達成度は、156ヵ国中15位でしたが、「目標12　つくる責任　つかう責任」の達成度は下から5番目であり、他にも、「目標5　ジェンダー平等を実現しよう」や「目標13　気候変動に具体的な対策を」「目標14　海の豊かさを守ろう」「目標17　パートナーシップで目標を達成しよう」の達成度が低くなっている等、不十分な点が指摘されています。[3]

本授業は「目標の達成に向けて、私たち一人ひとりにできることを考える」ことを目標としているため、こうした現状やその背景となる日本社会のあり方、すなわち「積極的平和」の実現に向けて障壁となっている社会構造について、生徒たちが自分の力だけで認識することは困難かもしれません。そこで教師による支援が必要になりますが、「子ども主体」を志向する中で、そうした教師の指導性が発揮しづらい授業展開になっていると言えます。

授業の締め括りとしての提案活動を行う前に、十分な認識形成を図ることで、こうした課題を克服することも可能ですが、それを意識しないまま、「提案する」という活動自体を重視することで、子どもたちの認識を深めることのできない「浅い学び」に留まってしまう可能性が高くなります。

また、提案活動自体についても、何らかの基準からその内容や質が評価されることはありませんので、授業の結果としてどのような質の認識が形成されたのかということについて精査する機会がありません。もちろん、精緻な基準を設定してそれぞれの提案内容を評価することを通して、形成される認識の質を高めていくことも可能ですが、多様な提案内容をそれぞれに評価していこうとすれば、それだけ多くの時間を要するため、提案させることだけに留まってしまっている授業も多いと思われます。

本来、子どもたちの活動は、社会科授業の目標をより良く達成させるための手段として位置付けられるべきものですが、ここでは、活動自体が目的化しており、そのため、結果として形成される社会認識の質に課題があると言えます。

3　授業づくりにおける教師のゲートキーピングの重要性

課題克服に向けて

これまで考察してきたように、「戦争と平和」をテーマにした社会科授業について、これまでに見られた代表的な授業構成のあり方には課題があることを確認しました。それではこれらの課題を克服するためにはどうしたらよいのでしょうか。

まず、特定の価値を重視するあまり、子どもたちの思考や判断が教師によって方向付けられる授業になってしまっているという課題について考えてみましょう。これは、「戦争と平和」というテーマに関して教師が望ましいと考える特定の生き方（価値）を子どもたちに内面化するために、特定の立場（視点）から見出された特色（解釈）を唯一の事実として教授してしまっている点に起因しています。授業事例「戦争と国民生活」において示されていた「人々の生活を苦しくした」というアジア・太平洋戦争の特色（解釈）は、「損害を被った人々」の視点から見出された意味です。しかし、戦争によって人々の生活が困窮したことを表す事実のみが提示されることで、そうした意味が唯一の事実であるかのように受け取れるようになっていました。こうした課題を克服するためには、前章で述べたように、「〇〇の立場からは□□」といった具合に、立場や視点を明記した上で、それらを事実として扱うことがまずは肝要だと考えます。

次に、子どもたちの活動を重視するあまり、「戦争と平和」というテーマに関して、常識的な認識形成に留まってしまっているという課題について考えてみましょう。これは、子どもたちの活動自体を目的化し、平和の実現に向けた社会的な課題の解決策を安易に構想させた結果として、そうした社会的な課題を生じさせている社会構造等について、子どもたちの認識を十分に深められていない点に起因しています。こうした課題を克服しようとすれば、前章で述べたように、多面的・多角的な考察を必要とし、思考を促すような問いを軸に授業を構成し、子どもたちの認識を拡大・深化させていくことが求められます。

「戦争と平和」をテーマに、子どもたちにとって意義ある社会科授業を構成していくためには、まずはこうしたパターンの授業に陥ってしまわないように、教師自身がそこに内在する課題について十分に意識しておく必要があります。その上で、どうすれば社会科らしい授業となるのかという視点から、授業づくりに取り組んでいく必要があります。

求められる教師のゲートキーピングと本書の意義

近年、「教師のゲートキーピング」という概念が注目されています。それは、学習指導要領等、公的カリキュラムを各教師が自分なりに調節して授業に落とし込んでいくことを意味します。[4] 学習指導要領や教科書が示す内容編成（カリキュラム）を基に、各教師がどのような単元や授業を構想するかによって、子どもたちの学びの質は異なってきます。そのため、一つの授業構成の手立てしか持たない教師よりも、複数の授業構成の手立てを必要に応じて使いこなせる教師の方が、はるかに豊かな実践を生み出すことができ、それだけ子どもたちの社会認識を深めていくことができると考えられます。そのように考えれば、まずは教師自身が、「戦争と平和」をテーマにした社会科授業についてのワンパターンな思考から脱却することが何よりも重要だと言えます。

1990年代以降、日本の近現代史、特に対外戦争を歴史教科書にどう記述するのかということを主な論点として、国内外において激しい論争が交わされてきました。「歴史教科書問題」と呼ばれるこれらの論争は、自国の歴史を後の世代にどのように伝えていくのかを問う重要な問題です。しかし、そもそも歴史というものは、「解釈されたもの」であり、同じ事象でも立場や視点によって捉え方が大きく異なるということがあり得ます。とりわけ国家間の戦争のように評価が大きく分かれるような事象の場合、誰の目から見ても納得のいく形で記述することは困難だと考えられます。そういう意味で歴史教科書問題は、解決が困難な歴史解釈論争であるとも言えます。歴史解釈論争においては、歴史的事象をどう解釈するかが論点となりますが、それは主として歴史学的な問いであると言えます。しかし、教科書はそれ自体で完結するものではなく、それを用いて授業を構成する教師と、学習者である子どもたちの存在を前提としたものです。そのため、それらの教科書を用いてどのような授業を構想するのか、その妥当性を問う視点もまた必要になると考えます。

筆者は社会科教育学を専門としています。そのため、「戦争と平和」に関して、何が正しい史実であり、どのような解釈が妥当かといった問いに対して、十分に論じる力量や専門性を持ち合わせていません。その代わりに筆者にできることは、「戦争と平和」をテーマにした社会科授業にはどのようなあり方が考えられるのか、どのような授業が社会科として望ましい（あるいは望ましくない）授業だと言えるのかといったことを、具体的な授業のあり方に即して示していくことで、多様な選択肢を提示し、授業づくりの主体である教師のゲートキーピングを下支えすることであると考えています。(5)

本書は、こうした社会科教育学的な視点から、「戦争と平和」というテーマにアプローチしようとするものであり、次章以降、「戦争と平和」をテーマにした社会科授業のあり方について、具体的な授業づくりのポイントを示していきたいと考えます。

註

(1) 文部科学省『小学校学習指導要領（平成29年告示）解説　社会編』２０１７年、p. 97.

(2) このことについては、森分孝治「〝戦争と平和〟をめぐる論点・争点と社会科授業」同編著『社会科教材の論点・争点と授業づくり⑩〝戦争と平和〟をめぐる論点・争点と授業づくり』明治図書、２００６年、pp. 9-23、も参照されたい。

(3) 『中学社会　公民的分野』日本文教出版、２０２１年、p. 206.

(4) このことについて詳しくは、スティーブン・J・ソーントン（渡部竜也、山田秀和、田中伸、堀田諭訳）『教師のゲートキーピング　主体的な学習者を生む社会科カリキュラムに向けて』春風社、２０１２年、を参照されたい。

(5) こうした社会科教育学者の姿勢については、渡部竜也「授業づくりにおける教師のゲートキーピングの重要性」草原和博、渡部竜也編著『〝国境・国土・領土〟教育の論点争点　過去に学び、世界に学び、未来を拓く社会科授業の新提案』明治図書、２０１４年、pp. 191-197、に詳しい。ただし、このようなあり方については、「社会科の研究者・教師は事実認識・事実判断についての深い考察などは行なわずに、授業方法論だけを追究すればよいという社会科教育観を背景にしているることを示している」として否定的に捉える立場もある。詳しくは、山口幸男「わが国における領土教育論に関する考察――『領土軽視・否定論』批判」日本社会科教育学会編『日本社会科教育学会　全国大会発表論文集』第18号、2022年、pp. 251-252、を参照されたい。

第3章

「戦争と平和」をテーマにした
社会科授業づくりのポイント

1　小学校における授業づくりの視点

「戦争と平和」と小学校社会科

本章では、「戦争と平和」をテーマにした社会科授業について、小学校、中学校・高等学校の地理・歴史・公民学習における授業づくりの視点を示していきます。そして、本節では、小学校における授業づくりの視点を示していきます。

周知の通り、小学校の場合は、基本的には学級担任制を採っています。そのため、すべての教科を一人で教える小学校教師には、「社会科で何をするか」ということ以上に、「子どもたちの能力を総体としてどう育てていくか」という全人教育的な視点を重視し、教科はそれを支えるツールとして捉える傾向があると言われています。[(1)] こうした志向性から、社会科においても「戦争と平和」をテーマとした際にも、戦争に反対し、平和を願う気持ちの醸成という大きなねらいに基づいて、前章で取り上げたような共感的な理解を軸にした授業を展開するケースが多いと思われます。また、小学校社会科では、中学年を中心に、自分たちが生活している地域に関する学習が行われるため、地域の戦争遺跡や戦争体験者といったリソースを駆使して、地域・学校・子どもたちとの関わりの中で授業づくりが行われることが多く、[2] そういう意味で、戦争に関わった（損害を受けた）当事者の気持ちや想いに寄り添った授業展開になることが多いと思われます。もちろん、戦争に反対し、平和を願う気持ちの醸成という目標それ自体に批判の余地はなく、学校教育自体がそうしたねらいに基づいているとも言えます。しかし、そうだからこそ、「戦争と平和」について多面的・多角的に考察し、自らの考えを構築していくという、社会科固有の役割を見失ってはならないと考えます。特に小学校では、中学校・高等学校に向けた学びの基盤を形成することが必要であり、「戦争と平和」をテーマとした場合でも、発展性のある学びを展開していく必要があります。

このように、小学校においては、「社会科でも」「社会科のみならずあらゆる機会で」といった意識を持ちがちですが、敢えて社会科固有の役割をしっかりと意識した上で、児童たちにとって意義深い授業を構成していくことが大切です。

「戦争と平和」についての「知的な気付き」の醸成

「まえがき」でも触れたように、「戦争は良くないことなのになぜ起こったのか、戦争を止めさせるためにはどうしたらよいのか」という疑問は、今の児童たちにとって切実な問いではないかと考えます。中学校・高等学校での精緻な認識形成の基盤となるように、小学校では、こうした疑問を踏まえた上で、「戦争や平和」に対する「知的な気付き」を醸成していくことを意識したいと考えます。

小学校社会科の中でも、第６学年においては、憲法や政治の仕組みについての学習、日本の歴史についての学習、日本と世界との関わりについての学習、という三つの大きな単元から内容が構成されており、「戦争と平和」に関する内容が数多く扱われます。そこで、例えば、政治の学習において、日本国憲法に「平和主義」の理念が盛り込まれていることの意味について考えたり、歴史の学習において、過去の戦い（争い・反乱・戦争）の原因や影響について考えたり、国際社会の学習において、国際連合の機能や役割、課題について考えたりすることは、より具体的かつ詳細な内容を扱う中学校・高等学校での学びの基盤の形成に繋がります。もちろん、それぞれの事象は複雑な背景の下で生起しており、その全体像をつかむことは容易ではありません。そのため、教科書等で示された内容を知識（正解）として教授することよりも、小学校においては、中学校・高等学校での学びに発展していくような気付きや問題意識（＝「知的な気付き」）を醸成していくことを意識する必要があると考えます。

先述したように、全人教育的な視点が強い小学校においては、「戦争や平和」に関する特定の単元や授業を構想すること以上に、長いスパンの中で気付きや問題意識を培う意識を持つことが重要です。[3] そのため、ここでは、「戦争や平和」に関する具体的な単元や授業プランという形ではなく、日々の授業の中で児童たちに意識させたいポイントを示すために、第6学年の社会科教科書の記述内容について検討したいと考えます。

次に示した**表3－1**は、第6学年の社会科教科書において扱われている、「戦争と平和」に関わる内容を整理したものです。以下、**表3－1**に基づいて、先述したような気付きや問題意識を培っていくために、どのような点を意識させればよいのか、そのポイントについて考察していきたいと思います。

日本国憲法における「平和主義」の意味についての気付き

第6学年の社会科教科書では、政治の学習において、日本国憲法の原則の一つとしての「平和主義」に関する内容が扱われます。そこでは、「戦争は人々の命をうばい、国民のくらしにも大きな被害をもたらします」といった記述とともに、平和主義については、「日本はかつて戦争をした時代があり、多くの人たちがなくなりました。その教訓を生かし、憲法では、2度と

表3－1：小学校第6学年　社会科教科書における「戦争と平和」

教科書の項目名		扱われている内容
わが国の政治のはたらき	憲法と政治のしくみ	○**平和主義**
	わたしたちの願いと政治のはたらき	なし
日本のあゆみ	大昔のくらしとくにの統一	○米作りのはじまりと争い ○他国を従えていった大王
	天皇を中心とした政治	○**貴族の反乱**
	貴族が生み出した新しい文化	なし
	武士よる政治のはじまり	○**源氏と平氏の戦い** ○**承久の乱** ○**元との戦い**
	今に伝わる室町の文化と人々のくらし	○**北条氏がたおれる** ○**応仁の乱**
	戦国の世の統一	○**桶狭間の戦い** ○信長と一向宗信者との戦い ○**長篠の戦い** ○本能寺の変 ○山崎の戦い ○朝鮮出兵 ○**関ヶ原の戦い**
	武士による政治の安定	○**島原・天草一揆**
	江戸の社会と文化・学問	なし
	明治の新しい国づくり	○大塩平八郎の乱 ○西南戦争
	国力の充実をめざす日本と国際社会	○**日清戦争** ○**日露戦争（日露戦争後の日本と世界のようす）** ○**第1次世界大戦（産業の発展と人々のくらし）**
	アジア・太平洋に広がる戦争	○**満州事変** ○**日中戦争** ○**第2次世界大戦** ○**太平洋戦争**
	新しい日本へのあゆみ	○**冷たい戦争・東西冷戦** ○**朝鮮戦争** ○**日本の領土や国境をめぐる課題** ○**アメリカ軍基地（安全性や騒音の問題）**
世界のなかの日本とわたしたち	つながりの深い国々のくらし	○**アメリカ（太平洋戦争では敵どうし）**
	国際連合と日本の役割	○**今も続く争い** ○**国連の目的** ○**安全保障理事会** ○**平和維持活動** ○**対人地雷全面禁止条約** ○**日本の国際協力** ○ SDGs

出所：『小学社会　6年』日本文教出版，2021年，を基に筆者作成。太字は教科書の表記を抜粋したものである。

戦争をしないと誓っています」と示されています[4]。

そもそも日本国憲法の諸規定には、主権者である国民が国（政府）の行動を縛る、という意味合いがあり、こうした考え方は、「立憲主義」と呼ばれています。立憲主義的な考え方に基づけば、日本国憲法における平和主義の規定には、国に対して再び悲惨な戦争を繰り返させないという国民の意思が反映されていると捉えることができ、その結果として、約80年間、日本が主体となった戦争は起きていない状況が続いています。2017（平成29）年に告示された小学校学習指導要領の解説においても、「現在の我が国の民主政治は日本国憲法の基本的な考え方に基づいていることを理解する」[5]とあり、政治の学習を通じて、日本国憲法が「戦争と平和」に関わって果たしている（果たしてきた）役割や意義に対する気付き（立憲主義的な考え方）を醸成していきたいと考えます。そのため、先の教科書記述や、明治以降、第二次世界大戦の終結に至る約80年の間に、日本が数多くの戦争を引き起こしていたこと、その後、日本国憲法が公布されてから現在に至るまでの約80年の間には、日本が主体となった戦争は一度も起きていないことを取り上げて、日本国憲法に平和主義が定められていることの意味についての気付きに繋げていきたいと考えます。合わせて、「（現在の日本は平和な国なのに）なぜかつての日本は戦争していたのか」という歴史の学習に向けた問いや、「数多くの争いが起きている現在の世界において平和を実現するためにはどうしたらよいか」という国際社会の学習に向けた問いも提示することで、第6学年の社会科学習全体を貫く問題意識を持たせるようにしたいと考えます。

「戦い（争い・反乱・戦争）」の原因と影響についての気付き

続いて第6学年の社会科教科書では、歴史の学習において、過去に起きた数多くの戦い（争い・反乱・戦争）に関する内容が扱われています。そうした内容が最初に扱われるのが、米作りが本格的に広まった弥生時代です。そこでは、「米作りが各地に広がると、米作りに適した土地や水、たくわえた米などをめぐり、むらどうしで争いがおこるようになりました。争いに勝ったむらのかしらは、ほかのむらを支配する豪族へと成長し、さらに、まわりの豪族を従えて、むらより大きなくにをつくる王があらわれました」と記述されています。[6] こうした内容に着目することで、人々が争う原因として、米（財）や土地・水（資源）といった「経済的権益」が関係していることに気付けるようになっています。

また、例えば、平安末期の源平の戦いについて、平清盛（平氏）の政治の下で、「反感をもつ貴族や武士がしだいに増えてきました」という記述がなされ、続いて、「（源）頼朝は、平氏の政治に不満をもっていた関東地方の武士と協力して、平氏をたおす兵をあげました」と記述され、その後で「平氏をほろぼした頼朝は、鎌倉（神奈川県）で武士による政治のしくみを整えてきました」と記述されています。[7] こうした内容に着目することで、現政権に対して不満を持つ人々が力による現状変更を求めて戦い（反乱）を起こすことや、考えが異なる者同士の間で争いが起こること、つまり、人々が争う原因として、「政治的意向」が関係していることに気付けるようになっています。また、島原・天草一揆の場合は、「百姓たちは、厳しいねんぐの取り立てとキリスト教の取りしまりに反対して戦いました[8]」と記述されており、「宗教的要因」にも気付けるようになっています。

さらに、近代以降の対外戦争のうち、日露戦争の場合、「日清戦争ののち、日本とロシアは、朝鮮（韓国）をめぐり対立するようになりました」と記述されており、[9] 日本とロシアが朝鮮半島や中国大陸に勢力を拡大するために引き起こされたことが示されています。こうした内容に着目することで、国同士の間では、政治的・経済的要因や領土等の原因が複合的に絡み合って戦争が引き起こされることに気付けるようになっています。

そして第6学年の社会科教科書では、戦い（争い・反乱・戦争）がもたらした影響についても数多くの内容が扱われています。例えば、源平の戦いや関ヶ原の戦いのように、対立する勢力同士の戦いの結果として、鎌倉幕府や江戸幕府のような、新しい政治的な秩序が打ち立てられたことが示されています。また、近代以降の対外戦争の場合、「第一次世界大戦のあと、日本国内の産業が発展するにつれて、人々のくらしも変わっていきました」と記述される等[10]、近現代の戦争が総力戦となり、それに伴う人々の生活の変化についても示されています。こうした内容に着目することで、戦い（争い・反乱・戦争）が、その後の社会のあり方を大きく変えるものでもあることに気付けるようになっています。

小学校の歴史学習においては、人物に焦点を当てた学習が一般的ですが、過去に起きた戦い（争い・反乱・戦争）の原因や影響に対して、継続的に着目していくことで、そこから共通性を見出し、政治的・経済的な様々な要因等から戦い（争い・反乱・戦争）が引き起こされること、そしてそれらは（多くの人々が命を落とすという）悲惨な結果をもたらす一方で社会を大きく変える要因にもなることに気付くことができます。こうした気付きは、戦争をなくし、平和を実現していくためにはどうしたらよいのかという問題意識を高め、この後に続く国際社会の学習や中学校・高等学校にも繋がっていくと考えます。

「戦争と平和」と国際連合の役割・課題についての気付き

第6学年の社会科教科書では、歴史の学習に続いて、国際社会の学習において、国際連合の働きや平和維持活動等に関する内容が扱われています。そこでは、例えば、「国連では、争いごとがおきると、安全保障理事会が中心となって、停戦をはたらきかけたり、紛争の広がりを防いだりしてきました」と記述されており[11]、国際連合が平和な国際社会の実現のための役割を担っていることを理解することができます。しかし、「戦争や紛争がおこったら、国連がすべて解決してくれるのかな[12]」といった問いが提起される等、平和構築に向けた課題についても示されています。こうした記述に加えて、実際にロシアによるウクライナ侵攻が起きていること等を取り上げて、国際連合の機能には限界や課題があることにも気付けるようにして、安全保障理事会の議決方法が抱えている課題等、中学校・高等学校におけるより具体的な学びに繋げていきたいと考えます。

また、教科書においては、「児童や教育科学、文化に関する組織には、ユニセフとユネスコがあり、それぞれたいせつなはたらきをしています」と記述されており[13]、国際連合には国際紛争を扱う機関だけではなく、経済や教育・文化、環境等の様々な機関があることが理解できるようになっています。こうした内容を踏まえて、国際連合の役割が、貧困・抑圧・差別等の構造的暴力がない状態、すなわち「積極的平和」の構築にも繋がっていることにも気付かせたいと考えます。

このように、小学校（特に第6学年）の社会科においては、様々な場面を通じて、「戦争と平和」に関する知的な気付きを培うことで、中学校・高等学校の学びに向けた基盤を形成していくことが求められます。

2　中学校・高等学校の地理学習における授業づくりの視点

「戦争と平和」と地理学習

本節においては、「戦争と平和」をテーマにした社会科授業のうち、中学校・高等学校の地理学習における授業づくりの視点を示していきます。前節で検討したように、小学校においては、「戦争と平和」に関する精緻な認識の形成というよりは、中学校・高等学校での学びに向けた気付きを持てるようにすることが重要でした。それでは、そうした小学校での学びを基盤にして、中学校・高等学校ではどのような認識を形成していけばよいのでしょうか。ここでは、「戦争と平和」に関わる重要な問題の一つである「領土問題」を事例にして、地理学習に求められる授業づくりの視点について考察したいと思います。

地理学習においては、事象の名称や位置などの個別的な知識の習得に終始してしまいがちです。領土問題についても、例えば北方四島の名称と位置を確認し、後は日本政府の公式見解を示すだけで終わってしまうような授業展開も多いと思われます。これらの知識は、領土問題について考えていく際の基礎・基本となるものではあるものの、それらを習得するだけでは、生徒たち自身が自らの考えを構築することには繋がっていきません。そうした課題を克服するためには、どのような地理学習をめざせばよいのでしょうか。

この問いに対する答えは多様に考えられますが[14]、筆者は、領土問題に対して地理的にアプローチすることで、生徒たち自身の「社会の見方・考え方」を成長させていくことを重視したいと考えます。2017（平成29）年と2018年に告示された学習指導要領では、社会的事象を考察するための「視点や方法（考え方）」として「社会的な見方・考え方」を示し、それらを働かせた学習を求めています。一方で、そうした「視点や方法（考え方）」を機械的に採り入れただけの実践も散見されています。

筆者は、このような実践に見られるように、「社会的な見方・考え方」を方法概念としてだけではなく、目標概念としても捉えていきたいと考えています。つまり、学習指導要領が示すように、それらを働かせた学習を通じて、子どもたち自身が持っている、社会を説明するための概念的枠組み（理論や法則、概念）＝「社会の見方・考え方」を大きく成長させる授業づくりが重要であると考えます[15]。

次節以降で取り上げる歴史学習や公民学習と同様に、地理学習においても、社会的事象に対する多面的・多角的なアプローチ方法が大切となります。地理的アプローチとは、空間的な視点に基づくもので、具体的には、どのような領土問題がなぜそこで起きているのかについて考え、世界各地で多様に生起している領土問題を比較対照することで共通性（相違性）を見出していくような思考のあり方を意味します。そして、そのことによって「社会の見方・考え方」の成長を目指します。

次に示した授業事例（学習指導案）「領土問題」は、こうした地理的アプローチを重視し、中学校の地理的分野を対象に構成されたものです。以下、これに基づいて、より具体的に地理学習における授業づくりのポイントを明らかにしていきたいと思います。

授業の展開

授業事例「領土問題」は、社会科教育学を専門とする原田智仁氏が開発した授業プランに、同じく伊藤直之氏が改訂を加えたものです[16]。

まず導入部では、領土、領土問題の定義について確認しています。個人に領土はあるのかと問うことで、領土問題とは国同士が領土を巡って対立している問題であること、特に国同士が

中学校社会科 地理的分野 学習指導案

1 **主題** 「領土問題」

2 **目標** 日本の領土問題を事例にして，領土問題の意味を考える。

3 **学習展開**

	発問（指示・説明）	資料	生徒に身に付けさせたい知識
パートⅠ〈導入〉	問1 今日は「領土問題」について考えてみよう。ところで，領土問題とは何か。		•領土の問題，北方領土等。
	問2 領土とは何か。		•領地，支配地等。
	問3 誰の領地，支配地か。個人にも領土はあるのか。		•個人に領土はない。領土とは国家の統治権の及ぶ範囲。広くは領海・領空を含む。領海は12カイリ，排他的経済水域は200カイリとなっている。
	問4 最初に戻って，領土問題とはどんな問題か。	① 地図「自然国境と人為国境」	•領土問題とは，国家間での領土（国境）をめぐる争いである。 •国境には，自然国境，人為国境がある。
パートⅡ〈展開1〉	問5 世界にはどんな領土問題があるか。知っているものをあげてみよう。		•例えば，アルザス・ロレーヌ領有をめぐる独仏対立の歴史，パレスチナ問題，カシミール問題，プレアビヒア寺院問題等について簡潔に説明する。 •世界には多様な領土問題がある。
	問6 日本の関係する領土問題にはどんなものがあるか。また，それを説明しなさい。	② 地図「北方領土問題」「竹島問題」「尖閣諸島問題」	•北方領土問題（日・ロ），竹島問題（日・韓），尖閣諸島問題（日・中・台湾）について。 •それぞれの対立関係の構図。
	問7 なぜ領土問題が起きるのか。国と国が領土をめぐって争う理由を考えてみよう。		•まずは一般論で考える（1つの勉強部屋を共同で使用する兄弟姉妹が，互いの領分をめぐって喧嘩することは珍しくないし，土地の境界をめぐり隣家と気まずい関係になる例は少なからずあるので，自分や家族の経験をもとにして，自由に領土問題の

			要因を推理してみる）。 •教師の促しによって，①－④の要因に気付く。①政治的威信，②軍事的利得，③経済的権益，④歴史・宗教。
	問8　北方領土問題はどの要因によって起きたか。	③資料・地図「北方領土問題の経緯（外務省ホームページ）」	•北方領土は第２次世界大戦末期の混乱に乗じソ連に占領されたもの（要因②：軍事的利得）であり，同様の行為は東欧や中央アジアでもなされたことを考慮に入れると，冷戦体制下ではもとより，新生ロシアとなった今でも容易には手放さないことが要因となっている（要因①：政治的威信）。
パートⅢ〈展開2〉	問9　ロシアは，他にも国境を接する国々との間で領土問題を抱えているか。	④資料「北極海をめぐる北欧諸国との対立」	•ロシアは，北極海が自国の領土であることを主張して，北欧諸国と対立している。
	問10　ロシアはどのような理由で北極海における自国の権益を主張しているか。	⑤資料「尖閣諸島問題の領有権についての基本見解（外務省ホームページ）」	•ロシアは，自国の領土から続く大陸棚までが領域に含まれることを理由にしている。北極海の海底には多くの地下資源があることが確認されており，ロシアは資源開発を目的にしている（要因③：経済的権益）。 •尖閣諸島の領有権をめぐる事例も参照して，世界各地で生起する領土問題における共通性に気付く。
パートⅣ〈終結〉	問11　今後，世界の中で領土問題はどのように進展していくと思うか。	⑥資料「南極をめぐる国家戦略」	•今後は，南極のような未開発の非居住地域でも経済的権益を原因とする領土問題が増えていくことが予想される。

出所：原田智仁「領土問題 世界史の中で考える『領土問題』の授業を構想する」『社会科教育』No. 611，明治図書，2010年，pp. 112-115；伊藤直之「地理的分野の実践に学ぶ」草原和博，渡部竜也編著『"国境・国土・領土"教育の論点争点 過去に学び，世界に学び，未来を拓く社会科授業の新提案』明治図書，2014年，pp. 140-147，において提示された授業プランを，本書で用いる学習指導案の形式に再構成し，文意を整える等して，筆者作成。

領土を接している国境周辺で起こっていることを確認していきます。

続く展開部1では、世界各地で領土問題が起きていることを捉えるとともに、日本が関係する領土問題を取り上げ、その概要を確認しています。そして、領土問題が起きる原因として、①政治的威信、②軍事的利得、③経済的権益、④歴史・宗教、という四つの概念をつかみ、その上で、日本が抱えている領土問題のうち「北方領土問題」を取り上げて、直接的には第二次世界大戦末期のソ連による軍事行動によって引き起こされたものであり（＝②軍事的利得）、ロシアに代わっても容易に返還に応じないために（＝①政治的威信）生起した問題であることを確認しています。

展開部2では、ロシアに対象を絞り、北方領土問題以外にロシアが抱えている領土問題、特に北極海を巡る北欧諸国との対立問題を取り上げ、そこでは資源開発（＝③経済的権益）が原因となっていることを確認しています。その上で、日本が抱えている「尖閣諸島の領有権をめぐる問題」も取り上げ、近年、世界各地で生起している領土問題の多くは、資源開発（＝③経済的権益）が原因となっているという共通性を見出していきます。

そして終結部では、そうした動向を踏まえた上で、今後は南極大陸等の非居住地地域でも領土問題が発生し得ること等、領土問題の今後の展開を予想させて授業の締め括りとしています。

授業事例「領土問題」に見る授業づくりのポイント

授業事例「領土問題」が示唆するものとして、次の2点を挙げることができます。

第一に、世界各地の領土問題を取り上げ、生徒たちの視野を拡大させている点です。ここで取り上げられている、アルザス・ロレーヌの領有問題やパレスチナ問題、カシミール問題やプレアビヒア寺院問題等は、中学校の地理学習で詳しく取り上げられるものではありませんが、ここではそれらを積極的に取り上げることで、領土問題が世界各地で起こっていることを認識し、日本が抱えている問題を相対視していきます。このように、自分たちの身近で起こっている現象を、他所との対比（比較）を通じて相対視していくことは、生徒たちの視野を拡大させる地理学習ならではの学びであると言えます。

第二に、空間的比較（＝地理的アプローチ）によって領土問題の本質に迫ることで、生徒たちの判断の拠り所となる「社会の見方・考え方」を成長させている点です。ここでは、世界各地で生起している多様な領土問題を取り上げてその原因を探っていきます。そうした考察を通して、国家が領土を確保し、拡大させようとする思惑に関わる四つの概念、すなわち、①政治的威信、②軍事的利得、③経済的権益、④歴史・宗教、をつかんでいきます。その上で、それらの概念を日本が抱えている領土問題にも当てはめてみることで、その妥当性を検証させています。

さらに、近年の領土問題の多くが、資源開発（＝③経済的権益）をめぐって引き起こされていることを確認した上で、身に付けた概念（＝生徒たち自身の「社会の見方・考え方」）を活用して領土問題の今後を予想させています。こうした授業展開によって、領土問題の本質を捉え、その解決のあり方について考えていく際の参照枠として機能する概念を身に付けていくことで、ともすれば自国の立場や主張に基づいた感情的なものになりがちな生徒たちの見方・考え方を大きく成長させるものになっています。

このように、各地域の比較を通じて共通性を見出し、一般化を図ることでその本質に迫り、生徒たち自身が自らの判断の拠り所となる「社会の見方・考え方」を成長させていくことは、地理学習ならではのアプローチ方法であると言えます。

先述したように、授業事例「領土問題」は、原田智仁氏が開発し、伊藤直之氏が改訂を加えたものです。具体的には、伊藤氏はパートⅢ〈展開２〉以降を改訂したのですが、原田氏が当初に提起していた展開は、次のようなものでした(17)。

パートⅡ〈展開1〉
問9　竹島問題はどの要因によって起きたのか。
問10　尖閣諸島問題はどの要因によって起きたのか。
パートⅢ〈展開2〉
問11　どうしたら領土問題を解決できるのか。「わが国固有の領土」と宣言しているだけでは解決にならないとすれば、一体どうすればよいのか。
問12　戦争は解決策になるか。
問13　裁判で決着をつけるにはどうすればよいか。
パートⅣ〈終結〉
問14　当事国を話し合いのテーブルにつかせるためには、一体どうしたらよいのか。

こうした展開に対して、伊藤氏は、「当授業の課題を挙げるならば、地理的分野ならではの比較研究よりも、むしろ地歴公の総合研究にウエイトが置かれていることがある。特に問11～14にかけては、領土問題の解決の仕方を検討しており、社会科の総括としての公民的分野での実践が適しているかもしれない。地理的分野の、それも中学校第1～2学年の実践としては、日本の関係する領土問題を基礎にした地域比較研究に徹するという方向性もある」と述べています[18]。伊藤氏は、地理学習ならではのアプローチ方法を重視した上で、先に示した学習指導案の問9以降の展開を改訂案として提起しています。

一方、改訂前の原田氏が提起していた授業展開にも学ぶべきものがあります。それは、社会科授業において、「戦争と平和」をテーマにする際に、「自国の視野や立場から、敢えて他国の視野や立場へと転換を図る」ことです[19]。

当初のプランの「問9　竹島問題はどの要因によって起きたのか」については、日本の外務省のホームページを参照して、日本の立場や見解を確認するだけでなく、韓国の中学校で使用されている国史教科書や韓国の外交通商部のホームページを参照することで、韓国側の立場や見解も確認することを想定しています。これらの学習活動を通じて、自国の主張と相手国の主張との相違点や隔たりを確認することができます。

領土問題のように、国同士の主張が鋭く対立している問題の場合、自国の正当性ばかりに目が行きがちですが、敢えて相手国の視野や立場へと転換を図ることで、問題の多面的・多角的な考察が可能になります。第1章でも述べましたが、対立する主張を社会科授業において扱う際には、「○○（政府・団体・個人等）は□□と主張している」ということを事実として示していくことが、まずは大切です。

3 中学校・高等学校の歴史学習における授業づくりの視点

「戦争と平和」と歴史学習

本節においては、「戦争と平和」をテーマにした社会科授業のうち、中学校・高等学校における歴史学習における授業づくりの視点を示していきます。前節で検討したように、中学校・高等学校においては、社会的事象についての多面的・多角的な考察が求められますが、歴史学習の場合は、社会的事象に対して歴史的にアプローチすることで、生徒たち自身の「社会の見方・考え方」を成長させていくことを重視したいと考えます。

歴史的アプローチとは、時間的な視点に基づくもので、具体的には、過去に生起した戦争について、政治的・経済的要因やその背景にある社会構造の変容等を基に、「なぜその時に戦争が起こったのか（なぜその時に戦争を止めることができなかったのか）」を読み解いていくことで、生徒たちが持っている戦争（が起きる原因や影響）に対する見方・考え方を成長させていくような授業展開をイメージします。

例えば、日本にとって悲惨な結果をもたらしたアジア・太平洋戦争について、生徒たちの多くは、当時の政府（軍部）の一部が暴走し、国を戦争に導いたために起きたのではないかと考えていると思います。そして、なぜ政府（軍部）の暴走を止めることができなかったのかということについて、大日本帝国憲法の下では政府（軍部）の権力が大きかったためであると理解しがちです。それに対して、憲法について多くの著作がある小室直樹氏は、同憲法第52条によって議会における発言の自由が認められていたにも関わらず、軍部の方針を議会で批判した衆議院議員の斎藤隆夫が除名処分とされた事件がターニングポイントになったことを指摘し、当時の議会政治のあり方が悲惨な戦争へと突き進んだ大きな要因となっていたと捉えています。[20]こうした指摘は、アジア・太平洋戦争の原因を、政府（軍部）の暴走に求めがちな生徒たちの常識的な見方・考え方を揺さぶり、それを成長させていく歴史学習のための授業づくりにとって有益であると考えます。

次に示した授業事例（学習指導案）「斎藤隆夫はなぜ除名処分になったのか」は、昭和戦前・戦中期における議会政治の変質についての学びを通じて、戦争（とりわけアジア・太平洋戦争）について生徒たちが持っている素朴な見方・考え方を成長させていくことを意識して、高等学校地理歴史科「日本史探究」を対象に構成したものです。[21]以下、これに基づいて、より具体的に歴史学習における授業づくりのポイントを明らかにしていきたいと思います。

授業の展開

まず導入部では、アジア・太平洋戦争が日本にもたらした悲惨な結果を振り返りながら、「なぜ破滅的な対外戦争へと突き進んでしまったのか。何がそれを可能にしていたのか」という学習課題を設定します。

続く展開部Ⅰでは、「大日本帝国憲法の下で、絶大な権勢を誇った政府が、民衆の力によって打倒された事例はなかったか」という問いに基づいて、藩閥政府として大きな力を持っていた桂太郎内閣が打倒された第一次護憲運動や、軍部の強い影響力の下で組閣されながらも総選挙で敗退し短命に終わった林銑十郎内閣等を取り上げて、大日本帝国憲法下でも国家権力に対し民意が縛りをかけた事例が存在していたことを確認します。

展開部Ⅱでは、政府の暴走を止めるための手立てとして、「選挙」で議会の多数を握ることや、その上で「予算案を否決すること」といった手段が考えられること、民意が直接国政に反映されることは難しいため、選挙で選ばれた議員たちが議会において政府を批判することができるかが重要であることを確認します。そして、実際に議会において政府（軍部）を批判する演説

高等学校地理歴史科 日本史探究 学習指導案

1　**主題**「斎藤隆夫はなぜ除名処分になったのか」

2　**目標**　①　大日本帝国憲法下においても，政府を批判できるだけの仕組みが整っており，十分に政府（軍部）の暴走を止める仕組みが整っていたことを理解する。

②　斎藤隆夫が行った「粛軍演説」と「反軍演説」への反応を比較することで，日中戦争の勃発を境にして，巧みな扇動と情報操作によって，戦争を支持する民意が形成され，政府（軍部）への批判が困難になっていたことを理解する。

③　斎藤隆夫の除名処分は，国家権力の暴走を阻止するための制度や仕組みが整えられていたとしても，民意次第ではそれらが機能しなくなることを実証していることを理解する。

3　**学習展開**

	発問（指示・説明）	資料	生徒に身に付けさせたい知識
導入	•アジア・太平洋戦争は日本にどのような結果をもたらしたか。 ◎なぜ日本は破滅的な対外戦争へと突き進んでしまったのか。何がそれを可能にしていたのか。		•戦場で多くの兵士たちが命を落とし，国内でも沖縄戦や各地への空襲，原爆の投下等によって多数の犠牲者を出すことになった。 •軍部の一部の人たちが暴走して国を戦争に導いたためではないか……。
展開I	•大日本帝国憲法の下で，絶大な権勢を誇る政府が，民衆の力によって打倒された事例はなかったか。 •それに関わらず，なぜ政府（軍部）の暴走を止めることができなかったのか。	①資料「第1次護憲運動」 ②資料「第34代林銑十郎内閣」	•藩閥政府としての桂太郎内閣は，尾崎行雄らを中心とした憲政擁護運動の中で総辞職した。 •陸軍大臣も務めた林銑十郎は，軍部の影響力の強い内閣を組織したが，組閣直後の総選挙で敗れた。 •大日本帝国憲法の下でも，国家権力に対して民意が縛りをかけた事例はあった。 •調べてみないとわからない……。

展開Ⅱ	•政府（軍部）の暴走を止めることのできる政治的な仕組みとしては，どのようなものが考えられるか。		•「選挙」で議会の多数を握ることや，その上で「予算案を否決する」等の手段がある。 •民意は直接国政に反映されにくいため，選挙で選ばれた議員たちが，議会で政府（軍部）を批判できるかどうかが重要である。
	•衆議院議員の斎藤隆夫は，軍国主義的な風潮が強まった昭和期において，政府（軍部）を批判する演説を国会で数度行っているが，その結果はどうであったか。	③資料「斎藤隆夫関連年表」 ④資料「反軍演説」	•1940（昭和15）年2月，帝国議会衆議院本会議において，日中戦争における戦線拡大路線に対して，疑問と批判を提起する演説（=「反軍演説」）を行った。それから約1か月後，演説内容の責任を問われて，帝国議会の圧倒的多数の賛成により，議員を除名処分となった。
		⑤資料「粛軍演説」	•一方で，斎藤は，1936（昭和11）年にも，軍部の政治介入と議会軽視の風潮に対して，痛烈な批判を提起する演説（=「粛軍演説」）を行っていた。しかし，この時は処分を受けることはなかった。また，1938（昭和13）年には，国家総動員法の危険性を指摘する演説も行っていたが，この時も処分されなかった。
	•なぜ斎藤は「粛軍演説」の時には処分されなかったのか。	⑥資料「大日本帝国憲法第52条」	•大日本帝国憲法の第52条において，国会議員たちの「言論の自由」が保障されていた。
	•なぜ，同じように政府（軍部）を批判する演説であったにも関わらず，「反軍演説」の時には除名処分になってしまったのか。		•国会議員は基本的に民意に従って行動している。「反軍演説」の時点での民意は斎藤の側にはなく，他の議員たちはそうした民意を受けて政府（軍部）の側に立ったと考えられる。

展開Ⅲ	•なぜ「反軍演説」の時点で，民意は斎藤の側になかったのか。 •なぜ国民は政府（軍部）の方針を支持したのか。	⑦資料「国定教科書」 ⑧資料「戦争の宣伝と報道」 ⑨概念図「日中戦争前後の社会構造」	•国民は政府（軍部）の方針が正しいと信じていたのではないか。 •戦争熱を煽る教育，宣伝や報道を通じた巧みな扇動と情報操作によって，戦争を積極的に支持する世論が形成されていたと考えられる。当時の経済状況（昭和恐慌）の影響もある。 •そうした世論が形成されていった結果，政府（軍部）への批判が困難になっていた。
終結	◎なぜ政府（軍部）の暴走を止めることができなかったのか。 ◎斎藤隆夫の除名処分事件は何を示しているか。現在の私たちはそこから何を学ぶことができるか。	⑩資料「日本国憲法 第51条（国会議員の発言・表決の免責）」	◎扇動と情報操作によって国民が政府（軍部）を積極的に支持したことが大きな要因であったと考えられる。 ◎国家権力の暴走を阻止するための制度や仕組みが整えられていたとしても，民意次第ではそれらが機能しなくなることを実証している。 ◎日本国憲法に基づいた現在の議会政治のあり方についても注視していく必要がある。

出所：角田将士「高等学校地理歴史科『日本史』の単元開発（2）――終結単元『日本近代史から何が学べるか』」広島大学大学院教育学研究科附属教育実践総合センター編『学校教育実践学研究』13巻，2007年，pp. 203-210，で提示した授業プランを改訂して，筆者作成。

を行った人物として、衆議院議員の斎藤隆夫を取り上げ、彼が行った演説のうち、１９３６（昭和１１）年の「粛軍演説」と１９４０年の「反軍演説」について、前者の時には処分対象とはならなかったのに対して、後者の時は他の議員たちの手によって除名処分とされたことを確認します。その上で、大日本帝国憲法第５２条では、議会における発言の自由が保障されており、それにも関わらず、なぜ「反軍演説」で除名処分になったのかと問うことで問題意識を深めていきます。

展開部Ⅲでは、巧みな扇動と情報操作、経済状況（昭和恐慌）によって、軍部の行動（戦争）を積極的に支持せざるを得ない状況が次第に生み出されていっており、当時のそうした社会構造の変容を、**図３－１**のような概念図としてまとめていき、斎藤の除名処分の背景には、こうした社会情勢（とりわけ民意の動向）があったことを確認していきます。

そして、終結部では、なぜ政府（軍部）の暴走を止めることができなかったのかという学習課題に立ち戻りながら授業内容をまとめた上で、斎藤隆夫の除名処分事件は、国家権力の暴走を阻止するための制度や仕組みが整えられていたとしても、民意次第でそれらは機能しなくなることを実証していることを確認します。それを踏まえて、大日本帝国憲法と同様に国会議員の発言・表決の免責を定めた日本国憲法第５１条を提示しながら、現在の議会政治のあり方に

図3－1：日中戦争前後の社会構造

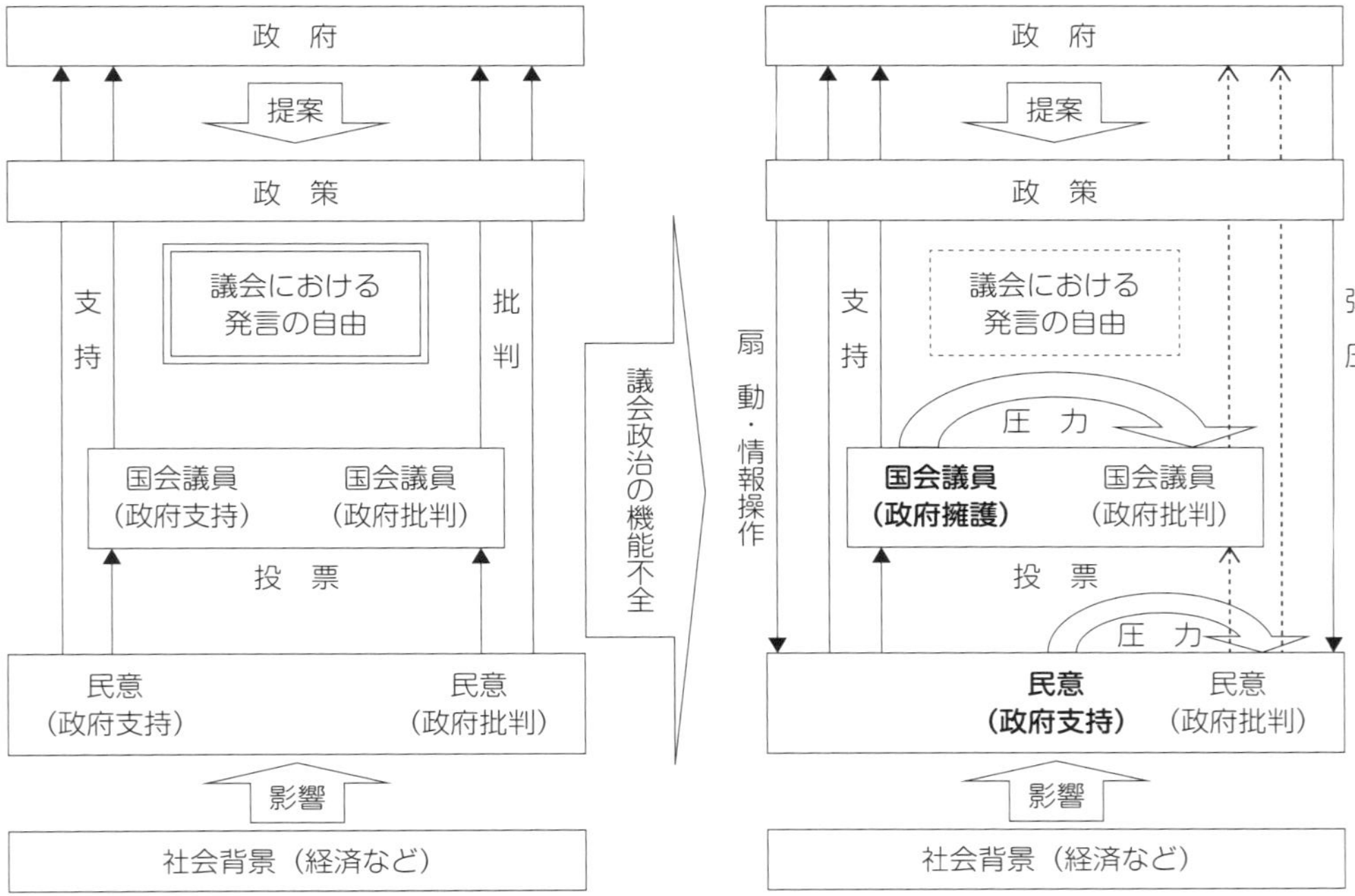

出所：筆者作成。

ついても省察してみることを求めて、授業の締め括りとします。

授業事例「斎藤隆夫はなぜ除名処分になったのか」に見る授業づくりのポイント

授業事例「斎藤隆夫はなぜ除名処分になったのか」が示唆するものとして、次の２点を挙げることができます。

第一に、生徒たち自身の見方・考え方を成長させるために、既存の見方・考え方に対して揺さぶりをかけ、思考を促している点です。ここでは、政府（軍部）の暴走にアジア・太平洋戦争の原因を求めがちな生徒たちに対して、大日本帝国憲法の規定（第52条）を示し、政府（軍部）に対する批判が可能であったこと、また実際にそうした事実もあったことを示して、生徒たちに揺さぶりをかけています。また、斎藤隆夫が行った二つの演説を取り上げ、同じように政府（軍部）を批判するものであったにも関わらず、それらに対する反応が異なっていたのはなぜかと問うことで、さらなる思考を促すものになっています。歴史学習の場合、教科書が示す時間軸に従って、個別の戦争の原因と結果、影響等を一つひとつ取り上げて網羅的に学習させるスタイルが一般的だと思われますが、授業事例「斎藤隆夫はなぜ除名処分になったのか」では、時期が異なった歴史的事象を比較対照（＝時間的比較）することで、思考を促す問いを設定しています。こうした既存の見方・考え方に挑戦するような問いを設定することは、学習意欲を喚起することにもつながります[22]。

第二に、そうした時間的比較（＝歴史的アプローチ）によって、国家権力の暴走を阻止するために議会政治はどうあるべきかという視点から、生徒たち自身が議会政治のあり方を省察していく際の拠り所となる「社会の見方・考え方」を成長させている点です。ここでは、当初、政府（軍部）の暴走に戦争（アジア・太平洋戦争）が起きた原因を求める素朴な見方・考え方を持っていた生徒たちが、斎藤隆夫の二つの演説を比較対照することで、国家権力の暴走を阻止するための仕組みや制度が整えられていたとしても民意次第ではそれらが機能しなくなるということを理解し、議会政治を有効に機能させるための条件について考え、それを基に、現代の議会政治のあり方を省察していくことができるようになっています。

このように、歴史学習においては、単に過去の出来事を知識として教授していくだけではなく、過去の戦争の原因や影響等について学ぶことで、生徒たち自身が持つ「戦争と平和」についての見方・考え方を成長させていく授業づくりが求められます。

しかしその一方で、そうした視点から、歴史的な文脈を無視して過度の一般化を図る（脱歴史化する）ことには注意が必要です。例えば、ここで取り上げた「反軍演説」について、それを戦争一般に反対する平和主義的なものとして捉える傾向がある一方で、必ずしも戦争自体に反対したものではなく、あくまでもその進め方に対する批判として捉えるべきであるとの指摘もなされています[23]。つまり、斎藤隆夫の主張も、戦争を推し進めていた時代状況の中に位置付くものであり、こうした歴史的な文脈を無視して過度の一般化を図ることは、偏った歴史認識を形成することにも繋がってしまいます。こうした点も意識した上で、幅広い視点から教材研究を進めていく必要があります。

4　中学校・高等学校の公民学習における授業づくりの視点

「戦争と平和」と公民学習

本節においては、「戦争と平和」をテーマにした社会科授業のうち、中学校・高等学校における公民学習における授業づくりの視点を示していきます。これまで見てきた地理学習・歴史学習については、社会的事象に対する地理的アプローチ・歴史的アプローチとしてのあり方を意識した上で、戦争や平和に対する認識形成、とりわけ生徒たち自身の「社会の見方・考え方」の成長を意識した授業づくりが求められていました。それでは公民学習にはどのような授業づくりが求められるのでしょうか。公民学習は、生徒たちにとって、「他所」についての学習である地理や、「過去」についての学習である歴史とは異なり、「此処」の「現在」の学習が中心となります。子どもたちにとっては直接的に自分たちとの関わりの深い事象についての学びが中心となるため、「戦争と平和」をテーマにした場合、地理や歴史のような多面的・多角的な認識形成を意識するだけに留まらず、これからの社会のあり方について考えていくような学習、つまり、平和構築に向けた取り組みや、そのための課題について深く学び、より望ましいあり方を模索していくような未来志向の学び（＝公民的アプローチ）を実現する授業づくりが求められると考えます。

例えば、ロシアによるウクライナ侵攻に対して、国際的な安全保障の枠組、とりわけ国際連合の安全保障理事会（安保理）は、常任理事国の一つであるロシアが今回の侵攻の主体となっているという事情もあって、十分にその役割を果たせていない現状があります。こうした安保理の機能不全は、東西陣営が激しく対立した冷戦中からしばしば問題となっており、唯一の被爆国として積極的に世界に対して平和を訴えていくためにも、日本も安保理の常任理事国入りをめざすべきではないかとする主張がなされることがあります。[24] しかしそうした主張に対しては、常任理事国となれば国際社会において軍事的な貢献が求められる可能性もあり、平和主義を原則とする日本の憲法下でそれは許されていないとして、反対する主張もなされています。また、第二次世界大戦において日本の敵国であった国々も含めて、そうした日本の動きに対する各国の反応も様々です。この問題は、平和の実現に向けて議論すべき重要な論争的な問題であり、「戦争と平和」をテーマにした公民学習における有益な主題となり得ると考えます。

次に示した授業事例（学習指導案）「日本は安保理の常任理事国入りをめざすべきか」は、こうした考え方に基づいて、高等学校公民科「公共」を対象に構成したものです[25]。以下、これに基づいて、より具体的に公民学習における授業づくりのポイントを明らかにしていきたいと思います。

授業の展開

まず導入部では、日本の安保理の常任理事国入りに対して、賛成・反対それぞれの主張とそれぞれの根拠を確認した上で、「日本は安保理の常任理事国入りをめざすべきか」という学習課題を設定します。

続く展開部Ⅰでは、安保理がどのような機関であるのかを確認します。安保理は、国家間の平和安全の維持を主要な任務とする、国連の集団的安全保障の中心的な機関であり、5ヶ国の常任理事国（米・英・仏・露・中）と、10ヶ国の非常任理事国（任期2年）から構成されていること、過半数の賛成によって国連加盟国が従う義務を負う決議がなされる一方で、常任理事国は拒否権を有しており、1ヶ国でもそれを発動させれば決議はなされないこと、そのため、冷戦期を中心に、拒否権が自国の利益を守る手段として利用され、国同士の利害が対立する平和や安全保障の問題について、安保理が有効な手立てを打てずに機能不全に陥ってきたことを

高等学校公民科 公共 学習指導案

1　**主題**　「日本は安保理の常任理事国入りをめざすべきか」

2　**目標**　① 日本の安全保障理事会（安保理）の常任理事国入りについて，国内には賛成と反対の立場があり，それぞれの主張を根拠とともに理解する。

② 常任理事国には拒否権等の特権が認められているため，常任理事国の間で利害が対立する問題について，安保理はしばしば機能不全に陥ってきたこと，一方で国連総会はすべての加盟国に対して平等に1票の投票権が認められているため，すべての国の安全保障の実現のためには，安保理の権限を制限して，総会の権限を拡大しようとする動きが出てきていることを理解する。

③ 安全保障の考え方には，国連（安保理）に見られるような国家の軍事力によって国民や国境を守ろうとする「国家の安全保障」という考え方以外に，世界のすべての人々が平和な生活ができるようにすることをめざす「人間の安全保障」という考え方や，環境問題のような地球規模の課題の解決をめざす考え方，紛争や争いの原因となる経済格差をなくすために必要な援助を行うことで平和を実現しようとする考え方もあることを理解する。

④ ①－③を踏まえた上で，日本の安保理の常任理事国入りの是非について，自らの考えを表明する。

3　**学習展開**

	発問（指示・説明）	資料	生徒に身に付けさせたい知識
導入	•近年，日本は安全保障理事会（安保理）の常任理事国入りをめざすべきという主張がなされることがあるが，それはなぜか。	① 資料「外務省ホームページ」	•日本は，アメリカや中国に次いで多くの国連分担金を負担しているため，それに見合ったポストを要求すべきであるという声がある。 •安保理の常任理事国には他の国連加盟国にはない特権が認められている。
	•一方でそれに反対する人たちはなぜ日本の安保理の常任理事国入りに反対するのか。 ◎日本は安保理の常任理事国入りをめざすべきか。	② 資料「日本国憲法第9条」	•常任理事国になると国際社会での軍事貢献を求められる可能性があるが，憲法上，自衛以外の武力の保持も行使も認められていない。 •賛否両論がありよくわからない，いろいろな主張を踏まえて考えてみる必要がある……。

展開Ⅰ	・安保理とはどのような機関か。	③ 資料「安保理の仕組み」	・国連の集団的安全保障の中心的機関であり，国家間の平和安全の維持を主要な任務に，第2次世界大戦の戦勝国を中心に組織された。 ・安保理は国際紛争に対して迅速に対応するため，小規模な意思決定機関となっている。 ・現在の安保理は米英仏露中の5ヵ国からなる常任理事国と，10ヵ国の非常任理事国（任期2年）から構成されている。
	・常任理事国の増枠について他の国々はどう考えているのだろう。	④ 資料「安保理改革」	・国連加盟国の数は当初の51ヵ国から，現在は200ヵ国近くになっており，安保理の構成も地域バランスに対応したものに改革しようとする動きもある。 ・一方で，これまで常任理事国の枠が増やされたことはない。日本以外にドイツやインド，ブラジルにも常任理事国入りをめざす動きがある。
	・なぜ常任理事国の増枠はなされてこなかったのだろうか。	⑤ 資料「拒否権」 ⑥ 資料「安保理決議の一覧」	・常任理事国には，集団安全保障上の機密情報が得られる，安保理の議決に対する拒否権，他の加盟国は安保理の決議に従う義務がある等の特権が認められているため，新たな国が常任理事国となることに対してはそれぞれ反対の声がある（ドイツに対してはイタリア，インドに対してはパキスタン，ブラジルに対してはアルゼンチンにそれぞれ反発する動きがある）。 ・現在の安保理は常任理事国の1ヵ国でも拒否権を発動すれば決議できない。冷戦中は東西陣営の対立で拒否権の乱発が行われた。拒否権はしばしば自国の利益を守るために利用されてきた。 ・冷戦後，拒否権の発動の機会は減

			ったが，国家間の安全保障の枠組に当てはまらない地域紛争や民族紛争も多く，常任理事国の全会一致が得られにくい平和と安全の問題に対して，有効に対処できない構造になっている。
展開Ⅱ	•安保理の機能不全について，国連加盟国はどのように捉えているか。 •安全保障は安保理に依らなければ不可能なのか。安全保障の考え方にはどのようなものがあるか。	⑦ 資料「国連改革」	•国連総会では，すべての加盟国が平等に１票の投票権を有している。 •国連加盟国からは，安保理の常任理事国だけに特権が認められていることに対して異論が出されており，安保理の権限を制限し，総会の権限を拡大しようとする動きも出てきている。 •安保理は国家間の紛争解決や平和安全維持を中心にした「国家の安全保障」を担う機関であり，国民の安全や生活・財産の安全は各国家が保障している。現在，人権抑圧や難民問題，環境問題等，安保理では対応できないような安全保障に関わる問題の解決が求められている。 •人権問題のように，安全保障の対象は，国家から個人に移りつつある。(「人間の安全保障」) •環境問題のように，安全保障の及ぶ範囲は，国家規模から地球規模に広がっている。 •地域紛争や民族紛争，環境問題の背景には経済格差が存在していることが多く，近年，これまでの武力による事後的な紛争解決のあり方が見直され，開発によって問題の根本的な原因を取り除こうとする，予防的な紛争解決の方向へとシフトしてきている。

	•「国家の安全保障」という考え方に基づけば，どのような安全保障の方法が考えられるか。	⑧資料「日米安全保障条約」	•例えば，「日米安全保障条約」のような2ヵ国間の条約による安全保障が考えられる。
	•「人間の安全保障」という考え方に基づけば，どのような安全保障の方法が考えられるか。	⑨資料「赤十字の活動」	•例えば，「赤十字」は人道主義に基づいた国際的組織であり，戦時だけではなく，平時においても自然災害・疫病，飢饉等に際して医療その他の救援活動を行っている。
	•地球規模の課題の解決による安全保障という考え方に基づけば，どのような方法が考えられるか。	⑩資料「SDGsとは」	•例えば，2015年の国連総会では，「持続可能な開発目標」として17の目標（SDGs17）が採択され，2030年までの達成に向けて，各国で取り組みが続けられている。
	•開発による安全保障という考え方に基づけば，どのような方法が考えられるか。	⑪資料「ODAとは」	•例えば，「ODA（政府開発援助）」は，先進国の政府や機関から，経済開発や福祉の増進に寄与することを目的として，開発途上国に対して贈与，借款，賠償，技術援助等の形で援助を行うものである。
終結	◎こうした安全保障の多元的なあり方を踏まえた上で，あなた自身は「日本の安保理の常任理事国入りをめざすべきか」という問題に対して，どのように考えるか。	⑫ワークシート「あなたの意見・グループの意見・クラスの意見」	①学習を踏まえて，自分の考えを構築する。 例）他国からの侵略の可能性を考えると「国家の安全保障」が重要だと考えるので，日本が発言力を強めるためにも，常任理事国入りめざすべき。 例）軍事的貢献が求められる可能性のある常任理事国入りをめざすよりも，経済的な貢献によって開発による安全保障に責任を果たすべき。 ②グループとしての意見をまとめる。 ③クラス全体で協議する。

出所：2005年度の広島大学大学院教育学研究科科目「社会認識教育学特講Ⅰ（授業担当：片上宗二）」において，博士課程前期の川口広美氏（現在，広島大学大学院准教授）らによって構想された授業プランを基に，筆者作成。

確認します。

展開部Ⅱでは、そうした安保理の機能不全に対して、すべての加盟国が平等に1票の投票権を有する国連総会の機能を拡大しようとする動きが見られることを確認します。さらに、「国家の安全保障」を軸とした安保理に対して、現在では、人権保障や福祉の充実をめざす「人間の安全保障」という考え方や、環境問題のように国家の枠を超えて平和を脅かす地球規模の課題の解決をめざす考え方、さらには、地域紛争や民族紛争の原因ともなっている経済格差をなくすために必要な援助を行うことで平和の実現をめざそうとする考え方があることを確認していきます。

そして、終結部では、そうした安全保障の多元的なあり方を踏まえた上で、「日本は安保理の常任理事国入りをめざすべきか」という学習課題に立ち戻り、自らの考えを表明するとともに、グループやクラスで協議し、それぞれでの最適解を導き出して、授業の締め括りとします。

授業事例「日本は安保理の常任理事国入りをめざすべきか」に見る授業づくりのポイント

授業事例「日本は安保理の常任理事国入りをめざすべきか」が示唆するものとして、次の2点を挙げることができます。

第一に、ここで取り上げられている「日本は安保理の常任理事国入りをめざすべきか」という問題は、異なる主張どうしが葛藤状態にあるため簡単に結論を見出すことが難しい「社会的な論争問題（social issues）」であり、それに対して生徒たちに価値判断を求めています。こうした論争問題は、一旦は合意を形成し、結論を見出したとしても、内包されている葛藤状態は容易には解消されないため、その結論は暫定的なものとなります。そういう意味で永続性のある問題であるとも言えます。

「戦争と平和」というテーマについて、こうした価値判断が分かれるような論争問題ではなく、例えば「平和を実現するためにはどうしたらよいか」といった、解決に向けた方向性が大まかには社会的に合意されている問題（problem）を取り上げた場合、子どもたちは結論ありきの判断をしがちです。このように社会的な解決が方向付けられている問題に対して、その解決策を考えさせたとしても、「まずは身の回りの人たちに優しくしよう」といったありきたりの意見に終始し、論争問題を取り上げた場合と比べて、「浅い学び」に留まる可能性が高いと思われます。

ただし、ここでは、生徒たちに価値判断をさせることのみを目的視しているわけではなく、自律的な価値判断に向けた認識形成をねらいとしています。特に、「国家による安全保障」を軸にした安保理に対して、「人間の安全保障」や地球規模での安全保障、開発による安全保障といった、安全保障の多元的なあり方に関する概念を生徒たちは獲得していきます。そのことによって安全保障についての見方・考え方が広がり、論争問題に対して自分たちなりの根拠をもって判断することが可能になっています。

第二に、自らの価値判断を省察する機会を複層的に設定している点です。[26] 生徒たちは、社会的な論争問題について価値判断を下し、自らの立場を決断していくことで、国家・社会の形成者に必要とされる思考力や判断力を身に付けていくことが目指されており、それだけ意義深い授業になっていると言えますが、そこに留まらず、個人レベルでの価値判断を踏まえてグループやクラスのレベルで最適解を求める学習も想定しています。集団レベルでの最適解を探る中で、異なる価値判断に触れることができるだけでなく、どこに妥協点を見出し、合意を形成できるかといったことについても、考えることができます。そうすることで自らの価値判断を相対化することができるようになっています。

このように、公民学習においては、平和の実現に向けて鋭く主張が対立する論争問題を取り上げて、価値判断を求めていくような授業づくりが求められます。その一方で、価値判断させることと自体を目的視するのではなく、そこに至る生徒たち自身の判断基準の構築、すなわち、地理・歴史学習と同様に、生徒たち自身の見方・考え方を成長させていくことが求められます。

「戦争と平和」をテーマにした社会科授業づくりのポイント

以上のように、本章では、「戦争と平和」をテーマにした社会科授業づくりのポイントについて述べてきました。社会科教育がなすべきことは、特定の思想や価値を子どもたちに内面化することではなく、戦争や平和の問題に関してどう向き合っていくのかを自主的自律的に考え、自らの考えを構築することを支援していくことだと考えます。そのため、共感的な理解による一律の態度形成や、直接的な行動を求めることからは一歩引き下がり、戦争や平和についての多面的・多角的な認識を形成していくことを社会科固有の教育的役割と捉えた上で、授業づくりを進めていく必要があります。

一方で、このように述べると、「戦争の悲惨さや平和の尊さを教えることは大切なことであるのにそれを放棄しているのではないか」といった批判が予想されますが、それは、社会科授業でなくても、学校全体の教育活動やインフォーマルな教育を通じても、子どもたちに伝えることができるものと考えます。例えば、平和博物館を訪問して展示を注意深く観覧したり、戦争体験者の話を聴いたりすることで、自然とそのような想いを抱くことができるのではないでしょうか。詳しくは次章で述べますが、戦後75年を経て直接戦争を体験した人たちがいなくなりつつある中で、各地の平和博物館は展示のリニューアル等に取り組んでおり、今まで以上に、戦争の悲惨さや平和の尊さを実感できる有益な機会を提供しています。また、「まえがき」でも触れたように、「学校での授業よりも、語り部の方々から学ぶことの方がより印象深かった」との高校生の投書にもあるように、戦争体験者の話を直接聴くことの教育的な意義は大きいものと思われます。

しかし、そもそも戦争とは何か、なぜ戦争が起こるのか、「戦争や平和」についてどのように考えるか、といった問いと真剣に向き合い、自らの考えを構築していく場は、フォーマルな教育、その中でも社会科授業こそが最も相応しいと考えます。ただし、社会科授業が子どもたちの思想形成を支援するといっても、思想形成に直接的に関わることを求めているわけではありません。授業の中で子どもたちは自己の考えを構築していくかもしれませんが、理解が浅ければ意見は薄弱で表層的なものに留まってしまうでしょう。そのため、社会科授業においては、戦争に賛成か反対か、といった単純な図式の中で戦争反対を唱えさせるような展開ではなく、もちろん戦争に反対し、平和を希求する心情を育成することは意識しつつも、子どもたちが自己の考えを構築するための基盤となる知識体系を作り上げていくことを、主としてねらうべきであると考えます。

註

(1) 南浦涼介「小学校社会科教育のカリキュラム・マネジメント——教科の目標を達成するために、教師はどのように社会科の運営をするか」社会認識教育学会編『小学校社会科教育』学術図書出版社、2019年、p. 40.

(2) 澤井陽介、唐木清志編著『小中社会科の授業づくり　社会科教師はどう学ぶか』東洋館出版社、2021年、pp. 36-39、においては、小学校社会科における授業づくりの課題として、地域学習の前提となる地域調査が挙げられている。例えば、筆者が居住する滋賀県においては、滋賀県平和祈念館が小学校教師たちと共同して学習用の小冊子『もっと知りたい　滋賀で学ぶ戦争の記録』2012年発行（以降も順次改訂）、を作成しており、「戦争と平和」に関する有意な地域教材となっている。

(3) 前掲(1)、p. 41.

(4) 『小学社会6年』日本文教出版、2021年、pp. 18-19.

(5) 文部科学省『小学校学習指導要領（平成29年告示）解説　社会編』2017年、p. 101.

(6) 前掲(4)、p. 62.

(7) 同前書、pp. 100-102.

(8) 同前書、p. 140.

(9) 同前書、p. 185.
(10) 同前書、p. 189.
(11) 同前書、p. 257.
(12) 同前書、p. 256.
(13) 同前書、p. 257.
(14) 例えば、日本における地理（歴史も含む）教育の目標・学力の捉え方は、時代とともに変化してきている。このことについては、角田将士「中学校社会科・高等学校地理歴史科教育の目標・学力――生徒が何を獲得し、何をできるようになることが求められるのか」社会認識教育学会編『中学校社会科教育・高等学校地理歴史科教育』学術図書出版社、2020年、pp. 31-40、で詳述した。
(15) 目標／方法概念としての「見方・考え方」については、角田将士『NG分析から導く　社会科授業の新公式』明治図書、2022年、pp. 160-169、で詳述した。
(16) 原田氏が開発した授業プランについては、原田智仁「領土問題　世界史の中で考える『領土問題』の授業を構想する」『社会科教育』NO. 611、明治図書、2010年3月、pp. 112-115、を参照されたい。また、伊藤氏による改訂については、伊藤直之「地理的分野の実践に学ぶ」草原和博・渡部竜也編著『〝国境・国土・領土〟教育の論点争点　過去に学び、世界に学び、未来を拓く社会科授業の新提案』明治図書、2014年、pp. 140-147、を参照されたい。地理的アプローチのあり方について詳しくは、伊藤氏の同論稿を参照されたい。

(17) 同前、原田智仁「領土問題 世界史の中で考える『領土問題』の授業を構想する」pp. 114-115. なお、文末の表現を改めた。

(18) 前掲(16)、伊藤直之「地理的分野の実践に学ぶ」p. 146.

(19) 同前書、p. 145.

(20) このことについて詳しくは、小室直樹『日本人のための憲法原論』集英社インターナショナル、2006年、pp. 416-435、を参照されたい。

(21) 角田将士「高等学校地理歴史科『日本史』の単元開発（2）――終結単元『日本近代史から何が学べるか』」広島大学大学院教育学研究科附属教育実践総合センター編『学校教育実践学研究』13巻、2007年、pp. 203-210、において提示した授業プランを改訂した。

(22) 人は既存の知識では説明できない事実に出会った時に、その事実を包摂して説明できるようにして、自らが持っている知識（理論）を成長させていく。これは「知識の変革的成長（＝見方・考え方の成長）」と呼ばれ、こうした「知識の変革的成長」の契機となるのは、答えられそうで答えられない疑問や矛盾である。それらは「認知的不協和」と呼ばれ、歴史学習に限らず、魅力的な社会科授業の原動力となる。このことについては、前掲(15)、pp. 170-175、で詳述した。

(23) 例えば、有馬学「戦争のパラダイム――斉藤隆夫のいわゆる『反軍』演説の意味」九州大学大学院比較社会文化研究科編『比較社会文化』第1巻、1995年、pp. 1-9：出原正雄「斎藤隆夫の軍部批判の論理と戦争肯定論」同志社法学会編『同志社法学』第63巻1号、2011年、pp. 153-180.

(24) 安保理における日本の役割については、外務省ホームページ（https://www.mofa.go.jp/）における「外交政策」のうち、「国連外交」の「国連改革・安保理改革」の内容等を参照されたい。

(25) 筆者が2005年度に広島大学大学院教育学研究科の研究生として参加していた同大学院科目「社会認識教育学特講Ⅰ」において、博士課程前期の川口広美氏（現在、広島大学大学院准教授）らによって構想された授業プランを基にしている。同科目は当時、同大学院教授であった片上宗二氏（現在、広島大学名誉教授）の担当科目であり、同プランは片上氏の指導の下に開発されたものである。

(26) 片上宗二氏は、人間の判断の誤謬性という視点から、自らが下した判断を新たな視点を踏まえて修正したり、深化させたりするような漸進的な社会科授業のあり方を提唱しており、授業事例「日本は安保理の常任理事国入りをめざすべきか」もそうした趣旨に基づいたものになっている。このことについて詳しくは、片上宗二「調停としての社会科授業構成の理論と方法――意思決定学習の革新」全国社会科教育学会編『社会科研究』第65号、2006年、pp. 1-10、を参照されたい。

第４章

「戦争と平和」をテーマにした
これからの社会科授業に必要な
３つの新視点

1 「戦争と平和」を教えることの困難性

第1章でも述べましたが、無謀な対外戦争の末に敗戦を迎えたわが国において、社会科は、国家再建のための新教育の中心教科として誕生しました。子どもたちが自主的自律的に思考し、自らの思想を形成することを支援していくことが、社会科に課せられた教育的役割であると考えます。そのため、社会科授業においては、子どもたちが思考を深め、社会的事象の本質や、事象同士の関連を読み解いていくための「社会の見方・考え方」を成長させていくことが求められます。このことは、第3章で述べたように、「戦争と平和」が直接的な授業テーマとなった場合においても一貫した原点だと言えます。

それに対し、第2章で見てきたように、戦争の悲惨さに共感させ、「戦争反対」等、一つの生き方（価値）を内面化させるクローズな学びでは、子どもたち自身の見方・考え方を成長させることは難しいと考えます。子どもたちには、民主的で平和的な国家・社会の形成者として、「戦争と平和」にどのように向き合い、今の、そしてこれからの社会をどのように築いていくのかを考えていく際に必要となる見方・考え方を獲得させていきたいと考えます。

しかし、戦後75年を経て、社会が大きく変化している今日、これまでと同じように「戦争と平和」を捉えることが難しくなってきています。具体的には、①戦争を直接体験した世代がいなくなりつつある中で、多様な戦争体験が持つ意味をどのように捉え、それらをどのように継承し後世に伝えていくのか、②国家ではなく特定の集団や個人が引き起こすテロ行為等が頻発する等、戦争自体のあり方が変化し、従来の戦争観が通用しなくなってきているという課題が挙げられます。「戦争や平和」をテーマにした社会科授業を構想する際にもこうした点を意識する必要がありますが、ここではそうした今日的な課題を、次の3点に整理した上で、それぞれに対応した授業のあり方と具体的な授業プランを示していきたいと思います。

①-1「ポスト戦争体験時代」への対応
-2「戦争体験の多様性や語りの変容」への対応
②「新しい戦争」への対応

2 「ポスト戦争体験時代」に対応した授業の必要性

「ポスト戦争体験時代」と向き合う

まず本節では、「①-1『ポスト戦争体験時代』への対応」（108頁参照）について考察していきます。戦後75年を過ぎ、戦争を直接体験した世代から子や孫の世代へと体験をどう継承していくかが課題となっています。悲惨な結果をもたらした戦争体験を語り継いでいくことは、同じ過ちを繰り返さないために必要なことです。その一方で、戦争での被害体験が、加害者への敵対心を煽り、民族や地域集団などの統合を図ろうとする「犠牲者ナショナリズム」の中核として継承され、別の暴力を生み出すことがあることも指摘されています(1)。

もちろんロシアやウクライナのように「リアル戦争体験時代」にある国も存在しますが、世界の多くの国々が「ポスト戦争体験時代」を迎えている今日、過去の戦争体験をどのように継承していくかは、極めて国際的な課題であると言えます。それは日本においても例外ではありません。特に、資料の収集と展示を通じて戦争の体験を継承し、国内外に広める役割を果たしている各地の平和博物館では、ポスト戦争体験時代に向けた模索が続けられています。例えば、沖縄にあるひめゆり平和祈念資料館では、若い世代に合わせた展示のリニューアルに取り組み、沖縄戦の悲惨さだけを強調するのではなく、犠牲になった子どもたちの日常生活に焦点を当て、絵やイラストを活用するなどした展示を構築しています。[2] 平和博物館は国内に閉じた存在ではなく、戦争体験をどう継承し、その原因となった戦争とどう向き合うのかを広く世界に向けて発信する場でもあるため、その展示のあり方が国際的な相互理解を促進する場合もあれば、逆に障壁となってしまう場合もあります。そうした難しい状況の中で創意工夫が続けられています。

様々な博物館の取り組みが見られる中で、学校教育、とりわけ社会科教育は、戦争体験の継承の課題に対してどのような役割を果たすことができるのでしょうか。ポスト戦争体験時代における「戦争・平和」をテーマにした社会科授業はどうあるべきか。筆者はこの問いに対する回答として、子どもたち自身が、世界の中の日本に住む一員として、「戦争や平和」に対してどのように向き合い、世界の人たちに向けて発信していくのか、そうしたことを構想するための基盤となる、「戦争体験の継承」に関する見方・考え方の成長をめざす授業づくりを志向したいと考えます。具体的には、「戦争体験をどのように継承していくのか」「戦争体験を継承するとはどういうことか」「なぜ戦争体験の継承は必要なのか」といった問いに向き合うことで、「戦争は悲惨なもの（だからその体験は継承しなければならない）」といった紋切り型の理解から脱却するための学習をイメージします。そして、ここでは、こうした「戦争体験の継承」の課題と正面から取り組み、また小・中・高いずれの学校段階においても利用する機会があると思われる、平和博物館における展示を教材にした授業のあり方を、小学校と中学校・高等学校とに分けて提示してみたいと思います。

「戦争体験の継承」の意味を問い直す——小学校での実践を想定して

小学校においては、前章においても述べましたが、精緻な認識形成というよりは、むしろ知的な気付きやその後の学習の基盤を形成しておくことが重要でした。また、子どもたち自身がこれからの平和博物館における展示のあり方を考えていくような提案型の学びの基盤として、実際に博物館でなされている展示を対象にして、より具体的なレベルで「戦争体験の継承」の意味をじっくりと問い直すことができる内容が望ましいと考えます。こうした授業を構想する際、筆者の勤務校である立命館大学の国際平和ミュージアムで２０１８（平成３０）年に開催された展覧会「８月６日」が有益な手がかりとなると考えました。

立命館大学国際平和ミュージアムは、全国でも珍しい大学が設置する平和博物館です。立命館大学は「平和と民主主義」を教学理念としており、それを具現化し、戦争体験を継承していく施設として、1992年に設置されました。修学旅行で京都市を訪れた際に見学を行う学校も数多くあります。ポスト戦争体験時代への対応は、同ミュージアムにおいても喫緊の課題となっています。例えば、自身の戦争体験を語ってきたボランティアガイドたちは、以前のような手応えが感じられなくなったと語っており、そこで、改めて伝え手と受け手の相互行為として「継承」の意味を捉え直し、来館者自身に、「戦争体験とは何か」「継承とは何か」といった問いかけをし、「なぜ戦争体験の継承は必要なのか」を考えてもらうことをめざして、展覧会「8月6日」は開催されました。(3)

同展覧会は二つの展示と来館者がそれらの意味を問い直すための空間から構成されていました。一つ目の展示は、「レプリカ交響曲《広島平和記念公園8月6日》(2015年)」と題した、2015年8月6日の広島平和記念公園の様子を映し出したビジュアル・エスノグラフィ作品であり、広島平和記念公園での8月6日の過ごし方の「多様性」を目にすることができるようになっていました。

二つ目の展示は、「8月6日のワンピース」というものであり、被爆した女子学生の木村愛子さんが身に付けていたワンピースが、救護所や追悼施設、博物館と、今日まで辿った来歴と、それぞれの場でワンピースを通じて人々が継承しようとしてきたものの「多様性」を示そうとするものでした。ところが、調査過程において、このワンピースが木村愛子さん本人のものではなく、混乱の中で取り違えられた別人の遺品であることが判明しました。これまでにも追悼施設や博物館において、このワンピースを通じて木村愛子さんの体験が伝えられてきましたが、本人のものではなかったとすれば、このワンピースは何を継承してきたといえるのか、同展覧会では、「継承とは誰が何をすることなのか」という問い直しを企図して、これまで通り木村愛子さんの遺品としてワンピースを展示し、その後で、明らかになった取り違えの事実を提示していました。

そして最後に、二つの展示を通じて、来館者自身が「継承」について感じたことや考えたことをアウトプットできる空間が展示室内に設けられていました。

構想した授業プランとその展開

次に示した授業プラン「ワンピースの展示は何を伝えていたのか」は、こうした取り組みを手がかりに、小学校社会科において、戦争体験を継承することの意味を問い直す授業として構想したものです(4)、以下、これを基に、ポスト戦争体験時代へ対応した社会科授業の実際を見てみましょう。

まず導入部として、「戦争体験をどのように継承していくのか」という問いを軸に、戦争体験の継承のあり方が世界各国で課題となっていることを知ることが必要となります。そこで、例えば、各地の平和博物館の展示リニューアルの取り組み等を取り上げて調査させたいと考えます。

続く展開部Ⅰでは、「戦争体験を継承するとはどういうことか」という問いを軸に、国際平和ミュージアムの展覧会「8月6日」を学習の素材として取り上げ、展示品であるワンピースの来歴、調査過程で判明したワンピース取り違えの事実、それが判明した後も展示が継続されたことについて取り上げます。

展開部Ⅱでは、ワンピース取り違えの事実を踏まえて、同展覧会での展示のあり方の是非について議論させます。ここでは「ワンピースの展示は事実を無視したものであり意味がなかった」とか「誰のワンピースであれ原爆の被害の実相を伝えることが大切だ」といった議論が交わされるものと思われます。

そして終結部では、学習の締め括りとして、「なぜ戦争体験の継承は必要なのか」と問いかけ、

小学校社会科 学習指導案

1 **主題**「ワンピースの展示は何を伝えていたのか」

2 **目標** ① 戦後75年を経て，戦争体験の継承が大きな課題となっており，各地の平和博物館でも様々な取り組みが進められていることを理解する。

② 立命館大学国際平和ミュージアムの特別展「8月6日」での展示品である「8月6日のワンピース」の来歴とその取り違えの事実を通して，戦争体験を継承するこということについて，自分なりの考えを持つ。

3 **学習展開**

	発問（指示・説明）	資料	児童に身に付けさせたい知識
導入	•私たちは直接体験していない戦争のことをどうやって知ることができるか。		•体験した人の話を聴いたり，博物館にある資料や展示を通じて知ることができる。修学旅行の際にも平和博物館を訪問した。
	•戦後75年が経って戦争体験をどのように継承していくかが課題となっているが，平和博物館ではどのような取り組みをしているか。	①資料「ひめゆり平和祈念資料館のリューアル」	•沖縄県にある「ひめゆり平和祈念資料館」では，若い世代に合わせた展示のリニューアルに取り組み，沖縄戦の悲惨さだけを強調するのではなく，犠牲になった子どもたちの日常生活に焦点を当て，絵やイラストを活用した展示を構築している。
	◎戦争体験の継承はなぜ必要なのか。		•戦争の悲惨さを伝えるためではないだろうか……。
展開I	•京都市にある立命館大学国際平和ミュージアムでは，2018年に特別展「8月6日」が開催されたが，どんな展示がなされていたか。	②資料「特別展『8月6日』の展示」	•8月6日（広島市に原爆が投下された日）の広島平和記念公園の様子がわかる映像や，原爆で命を落とした女学生 木村愛子さんのワンピースや教科書等が展示されていた。
	•木村愛子さんのワンピースはどのようなものだったか。	③資料「8月6日のワンピースについて	•木村愛子さんは1945年8月6日，学徒勤労動員中に被爆し，数日後に亡くなった。真っ黒でボロボロになったワンピースは遺族が保管していたもので，これまでにも数回，国際平和ミュージアムの戦争展で展示されてきた。

	・国際平和ミュージアムの調査によって，このワンピースについて，どんなことがわかったのか。	④ 資 料「木村愛子さんとワンピースをめぐる出来事」	・このワンピースが木村愛子さんのものではなく，混乱の中で取り違えられたものであることがわかった。 ・国際平和ミュージアムでは，そのことがわかった後も，そのまま木村愛子さんの遺品として展示を続け，最後に取り違えの事実を明かし，来館者に展示の是非や意味を問いかけるようにした。
	・ワンピースは木村愛子さんのものではないことがわかったのに，なぜ国際平和ミュージアムは展示を続けたのだろうか。	⑤ 資 料「ワンピースが問いかけるもの」	・これまでにも木村愛子さんのものとして展示してきており，その際に来館者が感じたものまで覆すことはできないと考え，残された資料を正しく伝えることよりも，そこから何を感じ取るかという来館者の想いの方を優先させた。
展開Ⅱ	・ワンピースを取り違えていたことがわかったのに，そのまま展示していたことに対して，どのように考えるか。自分の意見を表明し，議論してみよう。	⑥ワークシート「ワンピースの展示についてどう考えるか」	例）ワンピースの展示は，事実を無視したものであり，意味がなかった。 例）誰のワンピースであれ，原爆の被害の実相を伝えることが大切だ。
終結	◎戦争体験の継承はなぜ必要なのか。「継承」とは誰が何をすることなのか。	⑦ワークシート「戦争体験を継承することについてのあなたの考え」	例）その人が体験したことを正確に伝えていくことが継承するということだと思う。木村愛子さんの本当の遺品を伝えていくことが木村さんの体験を伝えていくことだと思う。 例）事実も大切だけど，受け取る人がそこから何かを感じ取ることが継承するということだと思う。木村愛子さんのものでなくても，ワンピースを通して木村愛子さんの体験について少しでも想像できたらそれで良いと思う。

出所：角田将士「『戦争体験の継承』の意味を問い直し戦争や平和に対する常識的な見方・考え方から脱却するための授業を」『社会科教育』No. 751，明治図書，2021年，pp. 24-27，において提示した授業イメージを基に，筆者作成。

自らの考えを構築していきます。

こうした学習を通じて、児童たちが持つ「戦争は悲惨なもの（だからその体験は継承しなければならない）」といった常識的な見方・考え方を揺さぶり、より深められたものへと成長させたいと考えます。そのため、敢えて児童たちの考え自体は評価せずに、オープンエンドの形で授業を終えるようにしています。

「戦争体験の継承」のあり方を構想する——中学校・高等学校での実践を想定して

中学校・高等学校においては、小学校のように、例えば「8月6日のワンピース」という個別的で具体的な展示のあり方を通じて考えるだけでなく、例えば、実際に見学に訪れた博物館を対象として、博物館全体のメッセージ性やそこに見られる戦争体験の継承のあり方について、他の平和博物館とも比較対照しながら、現状の展示内容を分析・評価していくような授業をイメージします。また、そうした学びを踏まえた上で、自分たちならばどのような視点に基づいてどのような展示を構想するかを考え、他の博物館での取り組み等も参照しながら、自分たちが構想した展示の意義や実現可能性について省察していくことで、ポスト戦争体験時代における戦争体験の継承のあり方について考えていくような授業をイメージします。

構想する単元展開のイメージ

表4－1として示した単元展開のイメージは、以上のような考察を踏まえた上で構想したものです。[(5)]ここでは、平和博物館の見学と連動させることを想定しているため、具体的な単元（授業）プランの形ではなく、実態に応じてアレンジしやすいように、主な問いとその構造を示した「単元展開のイメージ」として示しています。ここでは、平和博物館におけるこれからの展示のあり方を構想していくもの、すなわち、公民的アプローチに基づいた展開になっていますので、中学校の公民的分野や高等学校公民科「公共」等での実践が適当であると考えています。以下、具体的な展開について見ていきましょう。

まず導入部では、「見学した平和博物館の展示はどのようなものだったか」という問いに基づいて、見学を通じて学んだことや感じたことを振り返ります。

続く展開部では、「見学した平和博物館ではなぜそのような展示が行われていたか」という問いに基づいて、学芸員による解説等も参照しながら、見学した平和博物館における展示のねらいについて分析します。さらに、他の平和博物館の展示と比較対照しながら、展示のあり方やそのねらいの違いについて考えます。そうした考察を踏まえ、見学した平和博物館について、

表4－1：平和博物館を活用した中学校・高等学校における単元展開のイメージ

パート	主な発問		時　間
導　入	○見学した平和博物館の展示はどのようなものだったか。 ・どのような展示物があったか。 ・どのようなことが体験できたか。 ・どのようなことを感じたか。	How	1時間
展　開	○見学した平和博物館ではなぜそのような展示が行われていたか。 ・見学した平和博物館の展示のねらいは何か。 ・他の平和博物館ではどのような展示をしているか，またそのねらいは何か。 ・他の平和博物館と比較して，見学した平和博物館の展示に対して，不満に思ったことはなかったか，また，どのような展示が必要だと感じたか。 ・なぜ平和博物館によって展示の方法が違うのか。 ・そもそも平和博物館は何のためにあるのか。	What, Why	
終　結	○これからの平和博物館の展示はどうあるべきか。 ・見学した平和博物館の展示のリニューアル案を構想しよう。 ・自分たちが構想したリニューアル案と，近年各地でなされている平和博物館の展示のリニューアルの実際とを対比し，それぞれの意義や実現可能性について検討してみよう。	Should	1時間

出所：角田将士「博物館を活用した社会科授業の創造――国際平和ミュージアムを事例として」立命館大学国際平和ミュージアム編『立命館創始140年・学園創立110周年記念秋季特別展 ピース・コレクション――資料でつづる平和ミュージアムの軌跡』2010年，pp. 22-23，において提示した単元展開のイメージを改訂して，筆者作成。

不満に思ったことやどのような展示が必要かを考えていきます。その上で、「なぜ平和博物館によって展示の方法が違うのか」、「そもそも平和博物館の展示は何のためにあるのか」といった問いに基づいて、平和博物館における展示の意味やその役割について考えます。

そして、終結部では、ポスト戦争体験時代における平和博物館の展示のあり方について考えていく中で、「戦争体験の継承」のあり方はどうあるべきかを問い直し、ここでは、見学した平和博物館の展示のリニューアル案という形で自分たちの考えを表現していきます。そして、構想した展示のリニューアル案を、実際になされている各地の平和博物館の取り組み等と対置して、それぞれの意義や実現可能性を検討していくことで、自分たちの考えを省察する機会としています。

単元全体では、平和博物館の見学やその振り返りを通じて、展示の見学や体験等を通じた具体的な思考や理解を促すと同時に、それを他の平和博物館と比較対照することで、見学した平和博物館を相対視し、それぞれの平和博物館の展示がどのような視点に基づいて構成されたものであるのかを吟味していきます。そして最後に、ポスト戦争体験時代を見据えて、今後の展示のあり方を考えていく中で、「戦争体験の継承」のあり方を改めて問い直すことをめざす展開となっています。

博物館を授業で活用する利点は、様々なモノを通じて、具体的な思考から抽象的な思考まで、幅広い思考を通じて理解を深めることができることにあります。社会的事象の理解の方法には、「やってみる」「なってみる」というような行動レベルによる具体的なレベルの理解から、事象について理解され、説明されたものを見たり読んだりするような抽象的なレベルの理解まで存在します(6)。通常の授業において、これら全てのレベルを想定した学習を計画することは簡単なことではありませんが、博物館を活用することでそれが可能になります。**表４－１**で示した単元展開においては、具体的なレベルから抽象的なレベルへと順に思考や理解をステップアップさせることができるようになっています。博物館にはたくさんの展示物がありますので、見学の場ではどのようなものがどのように使われていたのか等、How（どのような）という問いに基づいた具体的な思考が中心となります。続いて教室においては、見学の振り返りに加えて、What（何か）やWhy（なぜか）、Should（どうすべきか）という問いに基づいて、展示のねらいやその意味について考えたり、それを踏まえてより望ましい展示のあり方を探ったりするような、より抽象度の高い思考を促していきます。

このように、それぞれの問いが促す「思考の質」を意識した上で、平和博物館を活用した単元を構想することで、生徒たち自身の「戦争体験の継承」に関わる見方・考え方を成長させ、自らの考えを構築していくことをめざしたいと考えます。

以上のように、小学校と中学校・高等学校では、対象の具体性や総合性に違いはあるものの、一貫しているのは、戦争体験を「継承しなければならないもの」として一律に捉えて、思考停止に陥るのではなく、[7]改めて、「なぜそうした戦争体験を継承しなくてはならないのか」ということを問い直すための視点や姿勢を培うものになっている点です。ポスト戦争体験時代を迎え、「戦争体験の継承」が大きな社会的課題となっている今日だからこそ、社会科授業を通じて、そのあり方について自らの考えを構築していけるように支援していくことが求められます。

3　「戦争体験の多様性や語りの変容」に対応した授業の必要性

「戦争体験」そのものの多様性

本節では、「①-2『戦争体験の多様性や語りの変容』への対応」（108頁参照）について考察していきます。戦後75年を経て、戦争体験の風化が危惧されています。戦争をなくし、平和への思いを新たにするためにも、戦争体験を語り継いでいく必要がある、との思いから、修学旅行等の機会を捉えて、戦争体験者の話を聴く機会を積極的に設定する授業は多いと思われます。

しかし、そうした戦争体験自体が多様なものであり、またその評価や意味付けに関わる語りは、共時的であっても立場によって異なり、また時代とともに変化していくものであるとの指摘がなされてきています。例えば、筆者の同僚でもある歴史社会学者の福間良明氏は、次のように述べています。[8]

「戦争体験は『反戦』『平和』と結びつけて語られることが多い。われわれは、そのことについて、とくに違和感を持つことはない。だが、実際には、戦後六〇余年のあいだ、戦争体験の位置づけや意味は一定だったわけではない。むしろ、時代とともに、それは変容してきた。アメリカによる占領、冷戦、高度経済成長、バブル景気、そして低成長時代といった時代推移のなか、戦争体験はさまざまに流用され、また、さまざまな思考を紡いできた。」

その上で、1943（昭和18）年以降、兵力不足を補うために高等教育機関に在籍した20歳以上の文系学生が徴兵され出征した「学徒出陣」について、戦没学徒兵たちの遺稿を収載し、1949年に刊行された『きけわだつみのこえ』を事例に、福間氏は、そこに記された当時の大学生たちの戦争体験に対する評価の多様性やその変容を実証的に明らかにしています。[9]

『きけわだつみのこえ』は、1949年の刊行後、1950年と1995年には映画化され、また、1959年と1982年にも、出版社と形態を変えながら再出版されています。1995年には改訂版が販売されており、現在でも手にすることができます。この『きけわだつみのこえ』は、刊行後1年が経った1950年には、出版史に残る大ベストセラーとなりました。その当時は、敗戦から僅かに5年しか経っておらず、戦争の記憶が生々しく残り、戦争体験がリアリティを保っていた時期でもあったため、『きけわだつみのこえ』は、「意に沿わない形で戦争に動員されたあらゆる階層の思いを代表するものとして、受け止められていました。[10]

しかし、このように『きけわだつみのこえ』が、戦没学徒兵たちの悲哀を象徴するものとして意味付けられていた一方で、同じ学徒兵の中には、「それほど切実に戦争目的を考えず、諸々と〈やる気〉に満ちて軍務に精勤した者もいた」ことが指摘されています。[11] また、1961年に刊行された『戦没農民兵士の手紙』(岩手県農村文化懇談会編集、岩波新書)には、戦死した農村出身兵士が家族に宛てた手紙が収載されており、それは農村版の『きけわだつみのこえ』とも言うべきものでしたが、そこには、「軍隊や戦争に疑問を持たず、また、軍隊生活を格別につらいとも思わず、『人も嫌がる軍隊で何一つ不自由なことがありません』と受け止める農民兵士像」が描き出されていました。[12]

こうした事実から、「反戦」や「平和」と関連付けて捉えられることが多い、「戦争体験」とは、かなりの多様性を持ったものであることがわかります。同じ戦争での体験であっても、それを体験した主体が置かれていた立場や視点によって、その体験は多様に語られてきました。

「戦争体験」の評価の多様性

また、「戦争体験」そのものの多様性のみならず、そうした体験に対する評価も多様でした。先述した通り、『きけわだつみのこえ』は刊行当初、戦争体験のリアリティが残る世相も反映して、多くの人々の戦争に対する思いを代表するものとして、高く評価されていました。そして、1950（昭和25）年には、『きけわだつみのこえ』を基にした銅像、「わだつみ像」が制作され、当初東京大学に設置される予定が変更され、1953年に筆者の勤務校である立命館大学に設置されました。立命館大学では、1954年以降、この「わだつみ像」の前で、毎年「不戦の集い」が開催されており、「わだつみ像」は「反戦」や「平和」を象徴するものとして位置付けられてきました。

ところが、1969年に学生運動が激化する中で、「わだつみ像」が破壊される事件が起きました。この「わだつみ像」の破壊事件について、当時、運動に参加していた学生たちは、戦没学徒兵を、「権力に従順で、抵抗する意志のない存在」と捉えて、それを象徴するものとして「わだつみ像」を倒したとされています。(13) その後、「わだつみ像」は、1970年に復元されて、現在は立命館大学国際平和ミュージアムに収蔵されています(14)（**写真4-1**）。

このように、「戦争体験」は、同じ体験であっても、考えや視点が異なればその評価が異なるものでもあります。「わだつみ像」の破壊事件は、戦没学徒兵の悲哀と戦争による損害とを重ね合わせその体験を価値あるものとして後世に伝えていこうとする考えに対して、意に沿わない形で戦争に動員された学徒兵たちを「権力に従順で、抵抗する意志のない存在」として捉え

写真4－1：復元された「わだつみ像」

出所：立命館大学国際平和ミュージアム蔵（写真も提供）。

てそれを指弾しようとする考えによって引き起こされており、『きけわだつみのこえ』に対する評価が一様ではなかったことを示しています。

「戦争体験」の語りの変容

さらに、「戦争体験」そのものやその評価が多様であるだけではなく、その意味付けは時代とともに修正されていくものでもあります。例えば、『きけわだつみのこえ』が初めて刊行された際、その序文において、「過激な日本主義」や「戦争謳歌」の類の手記は採択しない方針を採っていたこと、またそれだけではなく、採用した手記についても部分的に削除を施す等の原資料の改変が行われていたことが知られています[15]。一方で、1995（平成7）年に再刊行された際には、1990年代に入って高まってきた日本のアジア諸国への加害責任の視点を踏まえて再編集されました。1949年の初版本では、編集方針に反する部分が削除されたり、改変されたりした結果として、戦没学徒の全体像や、彼らが侵略戦争に絡めとられていった過程が見えにくいものとなっていました。それに対して、1995年の再版本は、「戦争責任の自覚」という面で初版本は欠陥を抱えていたという問題意識に基づいて、刊行されました[16]。こうして、当初「反戦の古典」として意味付けられていた『きけわだつみのこえ』は、加害責任をも視野に入れた「反戦の古典」として新たに意味付けられ、今日に至っています。

このように、同じ「戦争体験」であっても、それを意味付ける人々が置かれている社会的状況が変化すれば、その意味付けは修正されていくものでもあります。アジア諸国への加害責任という日本が直面した課題が、『きけわだつみのこえ』における戦争体験の意味付けに変化をもたらしました。また、『きけわだつみのこえ』は、1950年と1995年に映画化もされていますが、二つの映画を見比べてみると、受ける印象は全く異なっており、脚本や監督の違いもありますが、映画を通じて訴えようとしているメッセージ性の違いを感じ取ることができます。

こうした『きけわだつみのこえ』における戦争体験の意味付けやその変容を教材化していくことで、「『戦争体験の多様性や語りの変容』への対応」という課題に応える、「戦争と平和」をテーマにした社会科授業を構想することができます。

単元プラン「戦争体験の意味を問い直す」と単元（授業）の展開

以上のような考察を踏まえて、具体的な単元（授業）プランを提示してみましょう。次に示した単元プラン（学習指導案）は、「戦争体験の持つ意味を問い直す」ことを主題として、高等学校地理歴史科「歴史総合」での実践を想定して構想したものです。(17) ここでは、時間的比較としての歴史的アプローチを意識して、これまでに述べてきたような、『きけわだつみのこえ』に付与された意味の多様性やその変容について考察していくことをめざしています。以下、これに基づいて、「戦争体験の多様性や語りの変容」へ対応した社会科授業の実際について見ていきましょう。

まず導入部では、これまでに「戦争体験」を聴いた経験を問い、何のためにそれを聴いたのか、生徒たち自身が戦争体験の意味をどう捉えてきたのかを明らかにしていきます。その上で「戦争体験には様々な立場のものがあるが、戦争体験はどのように捉えられてきたのだろうか」という学習課題を設定します。

続く展開部Ⅰでは、貴重な戦争体験が記された資料として、1949（昭和24）年に刊行された『きけわだつみのこえ』という本があることを紹介し、それが戦没学徒兵の手記を収載したものであること、1950年と1995年には映画化もされ、そして、1959年と1982年にも出版社と形態を変えながら再出版され、1995年に改訂されたものが現在も販売されていることを確認し、その内容が「反戦」「平和」を象徴するものとしてこれまで高く評価されてきたことを確認します。

高等学校地理歴史科　歴史総合　学習指導案

1　主題　単元「戦争体験の持つ意味を問い直す」

2　単元の目標

① 戦場で戦った兵士たちの戦争体験が記された『きけわだつみのこえ』と『戦没農民兵士の手紙』を比較することで，同じ（兵士としての）戦争体験であっても，語っている主体が異なれば，その語り口や内容は異なることを理解する。

② 『きけわだつみのこえ』を基に制作された「わだつみ像」が，学生運動の中で破壊された事件を通して，同じ戦争体験であっても多様な評価が可能であり，必ずしも「反戦」や「平和」と結び付くわけではないことを理解する。

③ 『きけわだつみのこえ』の1949年版と1995年版とを比較することで，同じ戦争体験であっても，それぞれの時期に重視された視点が違っているため，異なった意味付けがなされていることを理解する。

④ ①-③を踏まえた上で，戦争体験は立場や視点，時代によって捉え方が異なるため，その意味も多様で変わり得るものであるということを理解し，戦争の多面性や多義性を踏まえた上で，特定の立場からだけではなく，幅広い視点から戦争や戦争体験について考えることができる。

3　単元の全体構造（全２時間）

	主な発問	時間
導入	◎戦争体験には様々な立場のものがある。戦争体験の持つ意味はどのように捉えられてきたのだろうか。	1時間
展開Ⅰ	○なぜ『きけわだつみのこえ』は，当時のベストセラーとなったのか。	
展開Ⅱ	○『きけわだつみのこえ』と『戦没農民兵士の手紙』の内容の違いからどんなことがわかるか。	
展開Ⅲ	○なぜ「反戦」「平和」の象徴でもあった「わだつみ像」が破壊されたのだろう。	1時間
展開Ⅳ	○なぜ1949年版と1995年版の『きけわだつみのこえ』には違いがあるのか。	
終結	◎戦争体験の持つ意味はどのように捉えられてきたのだろうか。 ◎現在，戦争を直接体験した人がいなくなりつつある中で，戦争体験をどのように継承していくかが課題となっている。私たちは戦争体験とどう向き合っていけばよいのか。	

4　単元の展開

	発　問	資　料	生徒に獲得させたい知識
導入	・私たちが直接体験していない戦争（例えば，アジア・太平洋戦争）のことを知ろうと思えば，どのような手段が考えられるか。		・教科書や本を通じて知ることができる。または直接体験した人の体験を聴くことで知ることができる。
	・戦争体験者の話を聴いたことがあるか。		・小学生の時に修学旅行で訪れた沖縄，広島や長崎で戦争体験者の話を聴く機会があった。
	・私たちは何のために戦争体験者の人たちの話を聴くのだろうか。		・戦争の悲劇を繰り返さないようにするため。平和を願う気持ちを強めるため。
	◎戦争体験には様々な立場のものがある。戦争体験はどのように捉えられてきたのだろうか。		・調べてみないとわからない……。
展開Ⅰ	・私たちが，戦争体験者が感じていたことやその想いを知ることができる資料として，『きけわだつみのこえ』という本がある。これはどのような本か。	① 資料「『きけわだつみのこえ』（一部）	・『きけわだつみのこえ』は1949年に発刊された戦没学生たちの手記を集めたものである。1950年には売上第4位となり，出版史に残るベストセラーになった。
	○なぜ『きけわだつみのこえ』は，当時のベストセラーとなったのか。	② 資料「『きけわだつみのこえ』への反応」	・例えば，作家の佐多稲子は「この一冊を私はしばしば涙のために手から離した」と述べている。 ○当時は戦争の記憶が生々しさを保っていた時代であり，戦争体験者のリアルさや近親者を失った悲しみから，『きけわだつみのこえ』が人々に受け入れられたと考えられる。 ・その後，1950年と1995年に映画化され，1959年と1982年にも出版社と形態を変えながら再出版された。現在でも1995年に改訂されたものが販売されている。

展開Ⅱ	•1961年に発刊された『戦没農民兵士の手紙』はどのようなものであったか。		•戦死した農村出身兵士が家族等に宛てた手紙を収載したものであり，農村版の『きけわだつみのこえ』であった。
	•『戦没農民兵士の手紙』には『きけわだつみのこえ』と比べて，どんな内容だったか。	③ 資料「『戦没農民兵士の手紙』(一部)」	•『きけわだつみのこえ』が戦争や軍隊に疑問を持ちつつ戦死していった学徒兵像を提示していたのに対して，『戦没農民兵士の手紙』では，軍隊や戦争に疑問を持たず，また，軍隊生活を格別につらいとも思わず，人も嫌がる軍隊も何一つ不自由なことがありません，と受け止める農民が少なからずいたことが描き出されていた。
	○『きけわだつみのこえ』と『戦没農民兵士の手紙』の内容の違いからどんなことがわかるか。	④ 資料「当時の高等教育機関就学率」	•『きけわだつみのこえ』が必ずしも数が多いとは言えない大学生たち（主に文系学生）の遺稿であるのに対して，『戦没農民兵士の手紙』は十分な教育を受けていない，それも大学生に比べて数多くいた農民兵士たちの遺稿であり，同じ（兵士としての）体験であっても，立場が異なれば，感じ方が異なっていた。 ○戦争体験には多様性がある。
展開Ⅲ	•『きけわだつみのこえ』は，その後もずっとすべての人に受け入れられたのだろうか。	⑤ 資料「わだつみ像破壊事件」	•戦没学徒の悲哀を象徴する「わだつみ像」は1950年に本郷新によって制作され，当初東京大学に設置される予定であったが，拒否されたため，1953年に立命館大学に設置された。 •1969年，学生運動の中でこの像が破壊された。
	○なぜ「反戦」「平和」の象徴でもあった「わだつみ像」が破壊されたのだろう。	⑥ 資料「学生たちの声」	•当時の学生たちは，「戦没学生たちは権力に従順で，抵抗する意志のない存在」と捉えて，それを象徴するものとして「わだつみ像」を倒した。 ○戦争体験は視点によって評価が異なるものである。

展開Ⅳ	•1949年に刊行された『きけわだつみのこえ』と1995年に刊行された『きけわだつみのこえ』にはどのような違いがあるか。	⑦資料「『きけわだつみのこえ(1995年版，一部)』」	○1995年の新版では，1949年版では削除されていた戦争に熱狂するような記述や戦争の加害の側面に関する記述が盛り込まれている。
	○なぜ1949年版と1995年版の『きけわだつみのこえ』には違いがあるのか。	⑧資料「『きけわだつみのこえ』新版（1995年版）刊行にあたって」	•1949年版はGHQによる占領下にあり，戦争を肯定的に捉えている手記を掲載しないという方針で編集されていた。一方で，1995年版はアジア諸国に対する戦争責任をめぐる議論が高まっていた時期であるため，加害の側面も視野に入れて編集された。 ○戦争体験の捉え方は時代によって変わり得るものである。
終結	◎戦争体験の持つ意味はどのように捉えられてきたのだろうか。		◎戦争体験は単に「反戦」「平和」を訴えるためのものというわけではなく，立場や視点，時代によって捉え方が異なるため，その意味も多様で変わり得るものである。
	•1995年に公開された映画『きけ，わだつみの声』は，どのような視点で戦争を描くものになっているか，分析してみよう。	⑨ワークシート「映画を分析しよう	例）1950年に公開された第1作とは異なり，アジア諸国への加害の視点や故国や家族のために命を捧げる男の姿といった視点が感じられる。
	◎現在，戦争を直接体験した人がいなくなりつつある中で，戦争体験をどのように継承していくかが課題となっている。私たちは戦争体験とどう向き合っていけばよいのか。	⑩ワークシート「戦争体験とどう向き合うか」	◎戦争や戦争体験の多面性・多義性を踏まえて，自分の考えを表明する。 例）「反戦」「平和」という特定の視点からだけではなく，幅広い視点からそれぞれの戦争体験が持つ意味を吟味して継承していく必要がある。

出所：福間良明『「反戦」のメディア史　戦後日本における世論と輿論の拮抗』世界思想社，2006年；同『「戦争体験」の戦後史　世代・教養・イデオロギー』中公新書，2009年；牧野和也「歴史教育における批判的リテラシーの育成――日本史単元『戦争体験の語りを吟味する』の開発と実践を通して」社会系教科教育学会第31回研究発表大会，自由研究発表資料，2020年，を参照して，筆者作成。

展開部Ⅱでは、1961年に刊行された『戦没農民兵士の手紙』と『きけわだつみのこえ』の内容を対比して、『きけわだつみのこえ』が戦争や軍隊に疑問を持ちつつ戦死していった学徒兵像を提示していたのに対して、『戦没農民兵士の手紙』では、軍隊や戦争に疑問を持たず、軍隊生活を受け入れていった農民兵士像が提示されていたことを確認し、同じ軍隊での生活でも立場や考え方によって捉え方が異なっていたこと、つまり「戦争体験」は多様であったことを捉えていきます。

展開部Ⅲでは、1969年に起きた「わだつみ像」の破壊事件を取り上げ、像を破壊した学生たちは、「戦没学生たちは権力に従順で、抵抗する意志のない存在」と捉えて、それを象徴するものとして「わだつみ像」を倒したことを確認することで、「戦争体験」の評価は視点によって異なることを捉えます。

展開部Ⅳでは、1949年に刊行された『きけわだつみのこえ』と1995年に刊行された『きけわだつみのこえ』の内容の違いに着目することで、前者は占領下での刊行であったため、戦争を肯定的に捉えた内容は削除し、採用した手記についても一部内容を改変していたことを確認します。それに対して、1995年版の刊行に際しては、1990年代に入って高まってきたアジア諸国に対する加害責任への意識を踏まえて、そうした点を想起させる手記についても収載して編集されていたことを確認し、このような考察を通じて、「戦争体験」の語りは時代とともに修正されていくものでもあることをつかんでいきます。

そして、終結部では、「戦争体験の持つ意味はどのように捉えられてきたのだろうか」という学習課題に立ち戻り、戦争体験は単に「反戦」「平和」を訴えるためのものと捉えがちだが、立場や視点、時代によって捉え方が異なるため、その意味も多様で変わり得るものである、ということを確認します。さらに、こうした視点から、1995年に公開された映画『きけ、わだつみの声』がどのような視点で戦争を描くものになっているか、つまり、「戦争体験」をどう意味付けるものになっているかを分析してみることを求めていきます。その上で、戦争体験者がいなくなりつつある中で、戦争体験をどのように継承していくかが課題となっているが、私たちは戦争体験とどう向き合っていけばよいのか、という問いについて考えてみることで学習の締め括りとしています。

こうした学習を通じて、ともすれば「反戦」「平和」と結び付けて一律に捉えがちな「戦争体験」について、多面的・多角的な視点からその意味を問い直していけるようになること、その上で、特にその継承のあり方について、自らの考えを構築できるようにすることをめざしたいと考えます。

４　「新しい戦争」に対応した授業の必要性

「新しい戦争」とは

本節では、「②「新しい戦争」への対応」（１０８頁参照）について考察していきます。今日、「戦争」それ自体のあり方が大きく変化してきており、今日の戦争は、私たちが一般にイメージしている第二次世界大戦のような国家同士の総力戦ではなくなりつつあります。社会学者である古市憲寿氏は、次のように述べています(18)。

「『僕たちが知っている戦争』、それは激しい戦火の中で兵士たちが銃弾に倒れる戦争である。それは、敵機による空襲が相次ぎ、防空頭巾を被った民衆たちが逃げ惑う戦争である。それは、見渡す限り瓦礫となった街で、人々が青空を見上げる戦争である。

少なくとも僕は、戦争をそういうものだと教わってきた。毎年夏になると国語の教科書では、戦争をテーマにした物語を読まされる。テレビでは、終戦記念日前後には決まって沖縄戦や空襲をテーマにしたドラマやジブリ映画『火垂るの墓』などが放送される。ＮＨＫが実施した世論調査でも、『火垂るの墓』と『はだしのゲン』が若年層の戦争観に大きな影響を与えたことが示されている。

それはどれも、あの戦争、アジア・太平洋戦争をモチーフにしたものだ。」

さらに古市氏は、第二次世界大戦に見られたような国家同士の総力戦を「古い戦争」と表現する一方で、国家かどうかもわからない団体をアクターとした戦争、傭兵が活躍する民営化された戦争、限られた死傷者しか出さない局所的な戦争等、現代（近未来）に見られる戦争のあり方を「新しい戦争」と表現しています。そして、「もはや世界の戦争は約70年前に終わった『第二次世界大戦』モデルなんかでは動いてないのだ[19]」、「『古い戦争』の呪縛は、『新しい戦争』への想像力を奪ってしまうのかも知れない[20]」とも述べています。また、中学校の公民的分野の教科書においても、「現代の戦争と平和」として、「国家間の戦争ではなく、宗教・民族の対立や、鉱産資源から得られる利益をめぐる争いなどを原因とする国内紛争や地域紛争がめだつようになりました。こうした国家と国家の戦争ではない形態の紛争を、『新しい戦争』とよびます」と記述されています[21]。

もちろん、今起きている戦争の全てが「新しい戦争」に変化しているわけではありません。例えば、2022（令和4）年2月のロシアによるウクライナ侵攻では、「政治的威信」によるロシアの一方的な侵略とウクライナの徹底抗戦による総力戦という側面からみれば、それは「古い戦争」であると言えますが、傭兵の参加、インターネットを介した情報攪乱、橋や原発に対するテロ的な攻撃等の側面から見れば、「新しい戦争」としての側面も見られます。このように、従来の「古い戦争」だけでなく、そこに「新しい戦争」という面も加わって、戦争が複雑化してきていると言えます。

以上のような指摘を踏まえて、「戦争と平和」をテーマにしたこれからの社会科授業においては、主にアジア・太平洋戦争のような総力戦を想定して、悲惨な事実や体験を伝えるものだという、私たちが陥りがちなワンパターンな思考からまずは脱却する必要があると考えます。その上で、現代（あるいは近未来）の社会に対応した見方・考え方を獲得させるような授業づくりが求められていると言えます。具体的には、「戦争」のあり方が複雑化してきている中、改めて「戦争とは何か」という問いを軸にして、子どもたちが持っている戦争観（戦争に対する見方・考え方）を刷新していくような授業がイメージされます。

「戦争」とは何か

ところで、「関ヶ原の戦い」と「アジア・太平洋戦争」の共通点と相違点とは何でしょうか。

前者が主として軍人が戦場で戦った「戦」「合戦」であったのに対して、後者は国内のあらゆる産業、資源、技術を動員した近代国家同士の「総力戦」であった点で大きな違いがあります。

どちらも人間同士の殺戮行為が行われた点で共通しているのですが、私たちが一般に「戦争」としてイメージするのは、後者のような国家同士の総力戦だと思います。こうした総力戦は、戦場で戦う軍人以外に、国民の協力なくしては遂行が不可能であり、それゆえ国家は国民に対して、戦争の必要性（正当性）を主張し、協力体制を構築し、国民全体をその戦いに巻き込んでいきました。アニメ映画『火垂るの墓』で描写されているように、アジア・太平洋戦争において、幼い子どもたちまでもが犠牲になるという悲劇が引き起された原因はここにあります。

このように、歴史上の「戦」や「合戦」と、近代国家同士の「戦争」とを対照することで、「総力戦」の持つ意味、そして私たち自身がそれを基準に「戦争」を捉えていることを意識することができます。さらに現在、そうした「総力戦」に加えて、「新しい戦争」が生起してきていますが、先述した古市氏は、「新しい戦争」の一つのあり方として、「戦争の民営化」を挙げ、次のように述べています。[22]

「いま、総力戦の前提となっていた『国民国家』という仕組みが揺らぎ始めている。

（略）現代社会では、アップルやグーグルなどのグローバル企業、アルカイダといったテロリスト、グリーンピースといったNGOなど有象無象の主体が世界を動かす。国民国家が主役だった近代と違い、国家はその中の一アクターになりつつある。（略）徴兵によって集められた国民軍に代わって、株式会社の集めた傭兵たちが現代の戦場には欠かせないものになっている。

特に2003年に始まったイラク戦争では軍事会社によって集められた傭兵、爆弾処理の専門家、兵士に食糧を提供するコックや運転手といった『民間人』が大活躍をした。」

こうした「新しい戦争」の実相は、「戦争＝総力戦」という従来型の見方・考え方では捉えることができません。これからの「戦争と平和」の問題について考え、平和の実現に向けた手立てを考えていこうとすれば、自らが持つ戦争観を刷新していく必要があります。

これまで述べてきたように、近代以前の「戦」や「合戦」、近代の「総力戦」、そして現代の「新しい戦争」という、戦争そのものの意味の変化を捉えていくことで、自らの戦争観を相対化し、新たな変化にも対応した見方・考え方を身に付けることができます。こうした戦争概念の変化を教材化していくことで、「『新しい戦争』への対応」という課題に応える、「戦争と平和」をテーマにした社会科授業を構想することができると考えます。

単元プラン「戦争とは何か」

以上のような考察を踏まえて、具体的な単元（授業）プランを提示してみましょう。次に示した単元プラン（学習指導案）は、「戦争とは何か」という問いを軸に、中学校の地理的分野または歴史的分野での実践を想定し構想したものです。[23] これまで、社会科授業においては、「戦争と平和」をテーマにした場合に限らず、単に地理や歴史の知識を教授することを目的とするのではなく、社会的事象に対する地理的・歴史的アプローチとして位置付けることが大切だと述べてきました。ここでは、生徒たちが抱きがちな「戦争＝日本が経験したアジア・太平洋戦争」という戦争観を刷新していくために、まずは近代以前の「戦」や「合戦」と、アジア・太平洋戦争に代表される近代の「総力戦」とを時間比較していきます（＝歴史的アプローチ）。さらに、生徒たちが持っている、かつて「日本」が経験した「総力戦」のイメージと、それでは捉えきれない「世界各地」で頻発している「新しい戦争」とを空間比較してきます（＝地理的アプローチ）。その上で、「総力戦」から「新しい戦争」へという戦争の形態の変化に応じた平和の実現に向けた手立てについて考えていきます。

ただし、この単元プランは、公民的分野の「現代の戦争と平和」の単元で取り上げることも

中学校社会科 地理的分野／歴史的分野 学習指導案

1 主題 単元「戦争とは何か」

2 単元の目標

① アジア・太平洋戦争と関ヶ原の戦いを比較することで,「総力戦」について, 以下のⅰ－ⅲを理解する。

ⅰ 「戦争（＝総力戦)」は, 主として軍人が戦場で戦った「戦」や「合戦」とは異なり, 国内のあらゆる資源・産業・技術を戦争遂行のために集中的に用いるものであり, 国民の協力なしに遂行することができないため, 国民からの支持が必要となる。

ⅱ 戦争中の社会では, 生活に対する制約だけではなく, 国による情報統制が行われることがあり, アジア・太平洋戦争中の日本（アメリカでも）では, 偏った他国認識や戦争状況が宣伝され, 国民の感情を揺さぶり, 戦争を行うための社会が作り出されていった。

ⅲ 日本国内のすべての人が戦争に賛成していた訳ではなく, 反戦を主張した人もいたが, 戦争を肯定する世論や政策等によって弾圧された。

② 現在, 世界各地で生起している紛争は, 国同士の「総力戦」の形態ではない,「新しい戦争」と呼ばれていること, 国同士の戦いにも「新しい戦争」としての側面が加わって複雑化してきていることを理解する。

③ 戦争の形態が変化してきていることを踏まえて, これから求められる平和の実現に向けた手立てについて考えることができる。

3 単元の全体構造（全2時間)

	主な発問	時間
導入	◎「戦争」とは何か。(近代以前の「戦」や「合戦」と近代の「戦争」はどう違うのか。なぜ軍人だけでなく, 多くの人々が戦争に関与するようになったのだろうか。)	1時間
展開Ⅰ	○戦場や空襲で多くの人々が亡くなっていたにも関わらず, なぜ戦争に反対する人々が国民の大多数とはならなかったのか。	
展開Ⅱ	○人々の娯楽や子どものキャラクターまで利用して戦争の正しさが国民に宣伝されたのはなぜだろう。	1時間
展開Ⅲ	◎近代の戦争に必要なのは誰の協力か。 ○現在, 世界各地で起きている紛争の特徴は何か。	
終結	◎戦争の形態が変化してきている中で, 私たちは「戦争と平和」についてどのように考えるべきなのだろうか。	

4　単元の展開

	発　問	資　料	生徒に獲得させたい知識
導入	• 関ヶ原の戦いとアジア・太平洋戦争の様子にはどのような違いがあるか。	①資料「関ヶ原の戦い」 ②資料「空襲の様子」	• 関ヶ原の戦いでは，大勢の武士が1つの場所で戦っており，総大将の徳川家康も自ら甲冑を身にまとい戦場で戦っている。一方，アジア・太平洋戦争では，飛行機や爆弾を使用して，兵士以外の多くの人々にも危害を与えている。一般の人々の住居も攻撃の対象となっていた。
	• アジア・太平洋戦争においては，どのような地域が空襲の対象となっていたのだろうか。	③資料「空襲の被害」 ④資料「日本軍による爆撃」	• 日本国内でアメリカ軍による空襲の対象になったのは主に大都市（東京・大阪等）や地方都市（神戸等）であり，中国で日本軍が攻撃した場所も主に都市部（北京・南京・重慶・上海等）であった。
	• なぜ都市部が攻撃されたのか。	③資料「空襲の被害」	• 大都市や地方都市には役所や工場，企業が集中しており，多くの人が住んでいるため，一度に大きなダメージを与えることができる。
	• なぜ，アジア・太平洋戦争では，都市部を攻撃することで多くの人や物を攻撃する必要があったのだろうか。		• 都市のどこに兵器工場があるか分からないし，兵士が隠れている可能性もある。一般の人々も様々な形で戦争に協力していたため。
	• なぜ多くの人が戦争に協力したのだろう。		• 強制的に協力させられた。 • 協力することが当たり前だった。
	◎「戦争」とは何か。（近代以前の「戦」や「合戦」と近代の「戦争」はどう違うのか。なぜ軍人だけでなく，多くの人々が戦争に関与するようになったのだろうか。）		• 調べてみないとわからない……。

展開Ⅰ	•当時の国民は戦争に対してどのような対応をしたのだろうか。	⑤資料「斎藤茂吉」 ⑥資料「小林多喜二」	•戦争を歓迎した人（例えば，斎藤茂吉）もいた一方で，戦争に反対した人（例えば，小林多喜二）もいた。
	•様々な考え方の人がいる中で，多くの人々を戦争に協力させるために，政府はどのようなことをしたのだろうか。	⑦資料「国家総動員法」	•1938（昭和13）年に「国家総動員法」を公布・施行して，すべての国民に対して戦争に協力することを義務付けた。
	•国民は戦争でどのような役目を担っていたか。	⑧資料「勤労動員と学徒出陣」	•多くの人々が兵士として戦地に出征した。また，女学生は工場で兵器を作ったり，大学生も戦地に動員されたりした。
	○戦場や空襲で多くの人々が亡くなっていたにも関わらず，なぜ戦争に反対する人々が国民の大多数とはならなかったのか。	⑨資料「はだしのゲン」	○法律で強制されただけではなく，「非国民」という言葉が当時使われていたりする等，周囲の人々からの圧力や弾圧があったのではないか。
展開Ⅱ	•なぜ戦争に反対することが難しい社会になってしまったのだろうか。		•政府の考え（戦争は正しい国策であるということ）が様々な手段（新聞・ラジオ・学校・雑誌・映画等）を通じて宣伝されることで，多くの国民が戦争を正しいものとして認識していったのではないか。
	•当時の映画作品から考えてみよう。なぜ「白雪姫」の日本での公開は，他のディズニー作品に比べて，公開されるまで長い時間がかかったのか。	⑩資料「日本で公開されたディズニー映画」	•敵国の文化や考えが日本に流入してくるのを防ぐために，戦争中にはアメリカで制作されたディズニー映画は輸入されなかった。
	•日本の映画の中でキャラクターたちはどのように利用されていたか。	⑪資料「当時の日本のアニメ：『桃太郎の海鷲』」	•桃太郎の指揮の下で，空母から犬・猿・キジの部隊が飛び立ち，（アメリカ軍基地に見立てた）鬼ケ島を撃破するという内容になっている。

	•一方で，戦争中にアメリカで制作された映画には，どのような描写がなされていたのか。 ○人々の娯楽や子どものキャラクターまで利用して戦争の正しさが国民に宣伝されたのはなぜだろう。	⑫ 資 料「戦場に赴くディズニーキャラクター」	•アメリカにおいても映画は戦争の宣伝手段として用いられており，ディズニー映画もそのために利用されていた。 ○国民を戦争に参加させるためには，教育はもとより，ラジオや新聞だけではなく，アニメ等も利用して幅広い年代の人たちに戦争の必要性（正当性）を訴える必要があった。
展開Ⅲ	◎近代の戦争に必要なのは誰の協力か。		◎関ヶ原の戦い等，「戦」や「合戦」の時代は兵士（武士）のみが戦場で戦うものであったが，近代の戦争では，兵士だけでなく，武器や物資の生産等のために「国民の協力」が不可欠であった。国内のあらゆる産業・資源・技術を集中的に用いた戦争のことを「総力戦」と呼ぶ。
	•一方で，現在の世界ではどんなことが起きているか。	⑬ 資 料「世界の紛争」	•国同士の戦争ではなく，国内での紛争やテロ等が頻発している。 •アフガニスタンの紛争やミャンマーでの軍事的衝突。2022年２月のロシアのウクライナへの侵攻でも宣戦布告は行われていない。
	•例えば，アフリカではどんな紛争が起きていたか。	⑭ 資 料「アフリカでの紛争」	•民族の分布を無視した国境線の問題もあって，民族問題がしばしば起きている。特に，コンゴ共和国の東部では，携帯電話やコンピューターに使用されるレアメタルが原因となって（紛争鉱物），1990年代から周辺国も巻き込んだ激しい紛争が続いている。
	○現在，世界各地で起きている紛争の特徴は何か。		•特定の集団や個人が主体となった戦が頻発している。こうした国同士の戦争ではない形態の紛争を「新しい戦争」と呼ぶ。

	•「総力戦」の場合，戦争はどのようにして始まり，また終わるか。	⑮ 資料「日本の降伏」	•宣戦布告によって始まり，国同士が講和条約を締結したり，一方の国が降伏したりすれば終わらせることができる。
	•一方で，「新しい戦争」の場合はどうか。	⑯資料「9.11同時多発テロ」 ⑰ 資料「コンゴ紛争」	•国同士の「総力戦」とは異なり，宣戦布告もなく，突然のテロ行為が行われることがある。また，少人数の集団同士の戦闘の場合，一旦停戦に同意しても状況の変化によって破られることが多いため，完全に終わらせることが困難である。 •例えばコンゴ共和国では，1999年半ばに国内で交戦中の各派軍の停戦合意がなされたが，現在でも「国連コンゴ民主共和国ミッション」が停戦実施を監視する状況が続いている。
終結	•2022年2月のロシアによるウクライナ侵攻によって起きたロシア軍とウクライナ軍の戦いには，どのような特徴が見られるか。	⑱ 資料「ロシアのウクライナ侵攻」	•ロシア軍とウクライナ軍が戦っている点や国民も動員されているという点から見れば「総力戦（古い戦争）」としての特徴を見出せる。一方で，傭兵の参加や橋・原発へのテロ的な攻撃という点から見れば「新しい戦争」としての特徴もある。現在の戦争は「古い戦争」に「新しい戦争」の要素が加わってより複雑化している。
	◎戦争の形態が変化してきている中で，私たちは「戦争と平和」についてどのように考えるべきなのだろうか。	⑲ワークシート「これからの平和のあり方を考えよう」	◎「戦争」と言えば「総力戦」をイメージしがちであるが，「新しい戦争」はそのイメージとは違う。より複雑化してきている「戦争」のあり方に応じて，「平和」を実現する手立てを考えていく必要がある。

出所：角田将士・渡邉巧「社会科授業における『戦争と平和』へのアプローチ——単元『戦争とは何か』の開発を通して」立命館国際平和ミュージアム編『立命館平和研究』第12号，2011年，pp. 27-38，において提示した授業プランを改訂して，筆者作成。改訂に際しては，『中学社会 地理的分野』日本文教出版，2021年，も参照した。

できますが、これからの平和実現のあり方を探ること（＝公民的アプローチ）はあくまでも副次的なものであり、生徒たち自身の戦争観を刷新することが第一の目的であるため、地理的分野または歴史的分野での実践が妥当であると考えています。歴史的分野であれば、現代社会の諸課題を扱った単元として、地理的分野であれば、例えばアフリカ州等において地域・民族紛争を扱った単元として実践が可能だと考えます。

単元（授業）の展開

まず導入部では、小学校での歴史学習において扱われた関ヶ原の戦いの様子と、昭和期のアジア・太平洋戦争の様子とを比較することで、前者においては主として軍人が戦場で戦うものであったのに対して、後者は軍人ではない民間人も空襲等で攻撃の対象となっていることを確認します。その上で、「近代以前の『戦』や『合戦』と近代の『戦争』とはどう違うのか。なぜ軍人だけではなく多くの人が戦争に関与するようになったのだろうか」という学習課題を設定し、「戦争」とは何かということを問い直していきます。

続く展開部Ⅰでは、日本国内でも戦争に対して反対の声があり、また多くの人々が命を落としたにも関わらず、なぜ戦争に反対する声が多数を占めなかったのかということを考察し、国家総動員法等の法律の制定に留まらず、国民の間にも積極的に支持する人々によって反対する人々が弾圧されるような状況が生み出されていたことを確認します。

展開部Ⅱでは、そうした状況が生み出された理由や背景として、国家主義的な教育はもとより、盛んに行われたラジオや新聞等のマスメディア、映画やアニメキャラクター等の人々の娯楽を通じた戦争の必要性（正当性）の宣伝があったことを確認します。

展開部Ⅲでは、私たちが一般にイメージしているアジア・太平洋戦争に代表される国同士の戦争は、国民の支持を受けた軍や政府が国民に指示を出し、国内の産業・資源・技術が戦争遂行のために集中的に用いられるという意味で、「総力戦」と呼ばれることを確認します。それに対して、現在、アフリカ州等で頻発している地域・民族紛争は、必ずしも国同士の戦争という形態ではなく、特定の個人や集団が主体となって引き起こされており、こうした国同士の戦争ではない形態の紛争は「新しい戦争」と呼ばれていること、それは私たちが一般にイメージする「総力戦」とは異なり、その「始まり方」も「終わり方」も必ずしも明確ではない(24)ことを確認します。

そして、終結部では、ロシアによるウクライナ侵攻とそれに伴う両国軍の戦いを取り上げて、そこには、国民が動員される等、「総力戦（古い戦争）」としての特徴を見出すことができる一方で、傭兵が活躍する等の「新しい戦争」としての特徴も見出すことができ、国同士の戦争も複雑化してきていることを確認しています。このように戦争の形態が変化してきていることを踏まえて、平和の実現に向けた手立てを考える必要があることを意識した上で、自らの考えを表明することで学習の締め括りとしています。

こうした学習を通じて、ともすればアジア・太平洋戦争を基にした固定的なものとなりがちな戦争観を刷新し、新たな時代に応じた「戦争と平和」についての見方・考え方を身に付け、新たな問題意識を醸成していくことをめざしたいと考えます。

註

(1) 田中雅一「開いた傷口に向き合う――アウシュヴィッツと犠牲者ナショナリズム」蘭信三、小倉康嗣、今野日出晴編『なぜ戦争体験を継承するのか ポスト体験時代の歴史実践』みずき書林、2021年、pp. 107-134.

(2) ひめゆり平和祈念資料館編『資料館だより』第67号、2021年6月。

(3) 展示会「8月6日」について詳しくは、立命館大学国際平和ミュージアム編『8月6日』(2018年度秋季特別展図録)、2018年、を参照されたい。前掲(1)、pp. 338-346、においても、同ミュージアムの学芸員である兼清順子氏によって詳しい解説がなされている。また、博物館展示による戦争体験の継承の問い直しについては、兼清順子「展示による戦争体験の継承を問い直す」歴史教育者協議会編『歴史地理教育』ＮＯ．９４３、２０２２年8月、pp. 22-27、に詳しい。

(4) 角田将士「『戦争体験の継承』の意味を問い直し戦争や平和に対する常識的な見方・考え方から脱却するための授業を」『社会科教育』ＮＯ．７５１、明治図書、２０２１年１１月、pp. 24-27、において提案した授業イメージを基にしている。同論稿では、中学校の歴史的分野を想定した授業イメージとして提示していたが、「ワンピース」という個別的で具体的な展示のあり方について考察する授業展開は、小学校での学習により適していると考え、本書では小学校を対象とした授業プランとして再構成した。

(5) 角田将士「博物館を活用した社会科授業の創造――国際平和ミュージアムを事例として」立命館大学国際平和ミュージアム編『立命館創始１４０年・学園創立１１０周年記念秋季特別展 ピース・コレクション――資料でつづる平和ミュージアムの軌跡』２０１０年、pp. 22-23、において提示した単元展開のイメージを改訂した。

(6) 事象の理解の方法については、森分孝治『現代社会科授業理論』明治図書、１９８４年、pp. 176-190、を参照されたい。

(7) 根本雅也「継承を問い直す」前掲(3)『8月6日』、p. 43.

(8) 福間良明『「戦争体験」の戦後史 世代・教養・イデオロギー』中公新書、２００９年、p. ii.

(9) 同前書の他、福間良明『「反戦」のメディア史 戦後日本における世論と輿論の拮抗』世界思想社、２００６年、pp. 69-151.

(10) 同前、福間良明『「反戦」のメディア史　戦後日本における世論と輿論の拮抗』pp. 72-74.
(11) 渡辺祐介「軍隊に適応した学徒兵のライフストーリー研究」立命館産業社会学会編『立命館産業社会論集』第50巻第4号、2015年、p. 94.
(12) 前掲(9)、福間良明『「反戦」のメディア史　戦後日本における世論と輿論の拮抗』p. 112.
(13) 同前書、pp. 130-135.
(14) 『2022年度版　未来を拓く――ようこそ立命館へ』(https://www.ritsumei.ac.jp/pathways-future/future-jp/)
(15) 前掲(9)、福間良明『「反戦」のメディア史　戦後日本における世論と輿論の拮抗』p. 82.
(16) 同前書、pp. 135-141.
(17) 福間良明『「反戦」のメディア史　戦後日本における世論と輿論の拮抗』世界思想社、2006年、及び、同『「戦争体験」の戦後史　世代・教養・イデオロギー』中公新書、2009年、を参照して、筆者作成。なお、牧野和也「歴史教育における批判的リテラシーの育成――日本史単元『戦争体験の語りを吟味する』の開発と実践を通して」社会系教科教育学会第31回研究発表大会、自由研究発表資料、2020年、においても、福間氏による『きけわだつみのこえ』分析の教材化が試みられており、そこで提示されていた授業プランも参照した。
(18) 古市憲寿『誰も戦争を教えられない』講談社＋α文庫、2015年、p. 297.
(19) 同前書、p. 105.
(20) 同前書、p. 377.

(21)　『中学社会　公民的分野』日本文教出版、２０２１年、p. 194.
(22)　前掲(18)、pp. 306-307.
(23)　角田将士、渡邉巧「社会科授業における『戦争と平和』へのアプローチ――単元『戦争とは何か』の開発を通して」立命館国際平和ミュージアム編『立命館平和研究』第１２号、２０１１年、pp. 27-37、において提示した授業プランを改訂した。
(24)　このことについては、西谷修『戦争とは何だろうか』ちくまプリマー新書、２０１６年、pp. 158-161、を参照されたい。

読書案内

ここでは、皆さんの授業づくりにも資するように、筆者が本書を執筆する際に参考にした文献を、数点取り上げて紹介します。

社会科教育に関する文献

草原和博、渡部竜也編著『〝国境・国土・領土〟教育の論点争点　過去に学び、世界に学び、未来を拓く社会科授業の新提案』明治図書、２０１４年。

ともすれば固定的な扱いになりがちな「国境・国土・領土」の問題について、社会科教育学的な見地から、多様な授業のあり方を示したものになっています。社会科教育学ならではの視点が示されており、本書も同書を参考に構成されています。

森分孝治編著『社会科教材の論点・争点と授業づくり⑩〝戦争と平和〟をめぐる論点・争点

と授業づくり』明治図書、2006年。

「戦争と平和」をテーマにした社会科授業のうち、特に子どもたちの「意思決定力」の育成を主眼とした単元・授業プランが、学校段階・分野ごとに多数収載されています。

「戦争と平和」の新視点に関する文献

蘭信三、小倉康嗣、今野日出晴編『なぜ戦争体験を継承するのか　ポスト体験時代の歴史実践』みずき書林、2021年。

多様化する「戦争体験の継承」に関する取り組みの動向をまとめ、その意義や課題について論じたものです。日本各地の平和博物館での取り組みが多数解説されており、ポスト戦争体験時代を見据えたケーススタディ集としても有益です。

福間良明『「戦争体験」の戦後史　世代・教養・イデオロギー』中公新書、2009年。

戦没学徒兵の遺稿集である『きけわだつみのこえ』を軸に、戦争体験の多様性や語りの変容について、実証的に解明したものです。**福間良明『「反戦」のメディア史　戦後日本における世論と輿論の拮抗』世界思想社、2006年**、とともに、「反戦」や「平和」と結び付けて捉えがちな「戦争体験」の意味を捉え直していくために必要な視点が示されています。

古市憲寿『誰も戦争を教えられない』講談社+α文庫、2015年。

世界各地の平和博物館のレビューやそこから見えてくるこれからの時代に求められる「戦争や平和」の捉え方について論じたものです。特に、「アジア・太平洋戦争（古い戦争）」に基づいた固定的な戦争観を刷新していくために必要な視点が示されています。

あとがき

筆者の故郷は大分県別府市で、戦時中、父方の祖母は、隣接する日出町に住んでいました。別府湾を挟んで対岸の大分市が空襲に遭った夜、たくさんの焼夷弾が花火のように降り注いでいたと話していたのをよく覚えています。東南アジアに出征した母方の祖父は、軍隊では毎朝ラッパを吹くのが役目で、それから長い時を経たにも関わらず、吹奏楽をしていた筆者の妹のトランペットを、いとも簡単に吹き鳴らす様子に大変驚かされました。そして、食べ物が不足し、ジャングルの中で食べられるものは何でも食べたと話していました。

また、結婚をしてからは、妻方の祖父母から、広島に原爆が投下された時の様子を教えてもらいました。戦争を直接体験した人たち、特に自分にとって身近な人たちの話は、それだけ現実感があり、祖父母たちの話は今でも筆者の心に残っています。一方で、本書でも触れましたが、そうした体験を知ることができる機会は、次第に失われてきています。

2007（平成19）年に立命館大学に着任した際、国際平和ミュージアムの運営委員を拝命しました。そうした機会を得る中で、自らが専攻する社会科教育学に何ができるのかを自問自答してきました。「戦争と平和」というテーマに対して、社会科教育は何ができるのでしょうか。また、何をなすべきなのでしょうか。

本書は、こうした問いに対する筆者なりの回答を示したものです。ポスト戦争体験時代を迎え、地域の戦争教材の掘り起こしや戦争体験の聞き取り等の地道な取り組みを基に、授業づくりを進めておられる方々も多いと思います。そうした中で、本書が、子どもたちにとってより意義深い授業づくりに資するものになっていることを願っています。

本書は、科学研究費補助金（20K02807）の助成を受けた研究成果の一部や、これまでに教育雑誌等で発表してきた論稿を基にしています。それらに目を留めてくださった学事出版株式会社の三上直樹氏にお声掛けいただいて、本書を執筆する機会を得ることができました。本書の執筆刊行に際しては、三上氏だけではなく、株式会社にこん社の北坂恭子氏に編集の実務を担っていただきました。

また、平田浩一先生（元　広島県立教育センター所長）からは貴重なご意見や有益なご助言をいただきました。ここに深甚なる感謝の意を表します。

そして最後に、いつも筆者を支えてくれる妻や子どもたち、戦時中の大変な労苦の中で命のリレーを繋いでくれた祖父母、そして父母にも感謝の気持ちを捧げます。

2023年2月

角田　将士

■著　者
角田　将士（かくだ　まさし）

1978年，大分県別府市生まれ。立命館大学産業社会学部教授。

広島大学大学院教育学研究科博士課程後期修了，博士（教育学）。

広島大学大学院教育学研究科助手，立命館大学産業社会学部准教授を経て2021年より現職。

単著に『戦前日本における歴史教育内容編成に関する史的研究』（風間書房，2010年），『NG 分析から導く　社会科授業の新公式』（明治図書，2022年）。共著に『新 社会科教育学ハンドブック』（明治図書，2012年），『中学校社会科教育・高等学校地理歴史科教育』（学術図書出版社，2020年）などがある。

学校で戦争を教えるということ
――社会科教育は何をなすべきか

2023年２月24日　初版第１刷発行

著　者　角田将士
発行者　安部英行
発行所　学事出版株式会社
〒101-0051　東京都千代田区神田神保町1-2-5
電話　03-3518-9655
HP アドレス　https://www.gakuji.co.jp

企　画　　三上直樹
編集協力　　株式会社にこん社
装　幀　　野田和浩
印刷・製本　創栄図書印刷株式会社

ISBN978-4-7619-2897-1　C3037　NDC370